戦国武将《ぶしょう》
三英傑《さんえいけつ》大図鑑
豊臣秀吉《とよとみひでよし》の戦い

天下統一《てんかとういつ》をめざした英傑《えいけつ》とライバルたちの激闘《げきとう》！

戦国時代に天下統一《てんかとういつ》の野望をいだいた三人の英傑《えいけつ》――織田信長《おだのぶなが》、豊臣秀吉《とよとみひでよし》、徳川家康《とくがわいえやす》。この本では、農民から身をたててその野望を実現《じつげん》させた「豊臣秀吉《とよとみひでよし》」と、彼《かれ》の前にたちはだかったライバルたちとの対決模様《もよう》を紹介《しょうかい》しています。武将《ぶしょう》たちの波乱万丈《はらんばんじょう》な生き様をご覧《らん》ください。

監修《かんしゅう》　本郷和人《ほんごうかずと》

もくじ

〈この本の見方〉

●人名や合戦名などの固有名詞《こゆうめいし》について

名称《めいしょう》が複数《ふくすう》あるものは、定番とされる名《めい》称《しょう》で表記しています。

・「秀吉」……時代によって名前が変わりますが、この本では「秀吉《ひでよし》」「羽柴秀吉《はしばひでよし》」「豊臣秀吉《とよとみひでよし》」の名称《めいしょう》で表記しています。

・「家康《いえやす》」……時代によって名前が変わりますが、この本では「家康《いえやす》」「徳川家康《とくがわいえやす》」の名称《めいしょう》で表記しています。

・「平定《へいてい》」……四国平定《しこくへいてい》や九州平定《きゅうしゅうへいてい》などの「～平定《へいてい》」は、「～征伐《せいばつ》」「～攻め」「～の役《えき》」ともいいます。

●年号や歴史的事項《じこう》について

さまざまな事項《じこう》において、異説《いせつ》や諸説《しょせつ》もあります。この本では、定番とされる説を紹介《しょうかい》しています。

●年齢《ねんれい》について

文中の年齢《ねんれい》は「数《かぞ》え年《どし》」で表記しています。数《かぞ》え年《どし》とは、生まれた年を一歳《さい》として、以降《いこう》は新年のたびに一歳《さい》を加算する、昔につかわれていた年齢《ねんれい》です。

●「大坂《おおさか》」と「大阪《おおさか》」の表記について

現在《げんざい》の「大阪《おおさか》」は、明治《めいじ》時代の初頭までは「大坂《おおさか》」と表記されていました。この本では、昔の地名をあらわすときは「大坂《おおさか》」、現在《げんざい》の地名をあらわすときは「大阪《おおさか》」と表記しています。

日本の旧国名《きゅうこくめい》地図

日本各地の地名は、現在《げんざい》の都道府県とはことなり、奈良《なら》時代から明治《めいじ》時代のはじめまで、下の地図にあるような「国名」がつかわれていました。この本では、武将《ぶしょう》の領地《りょうち》や合戦場の地名などに、それぞれの地域《ちいき》の国名をもちいています。

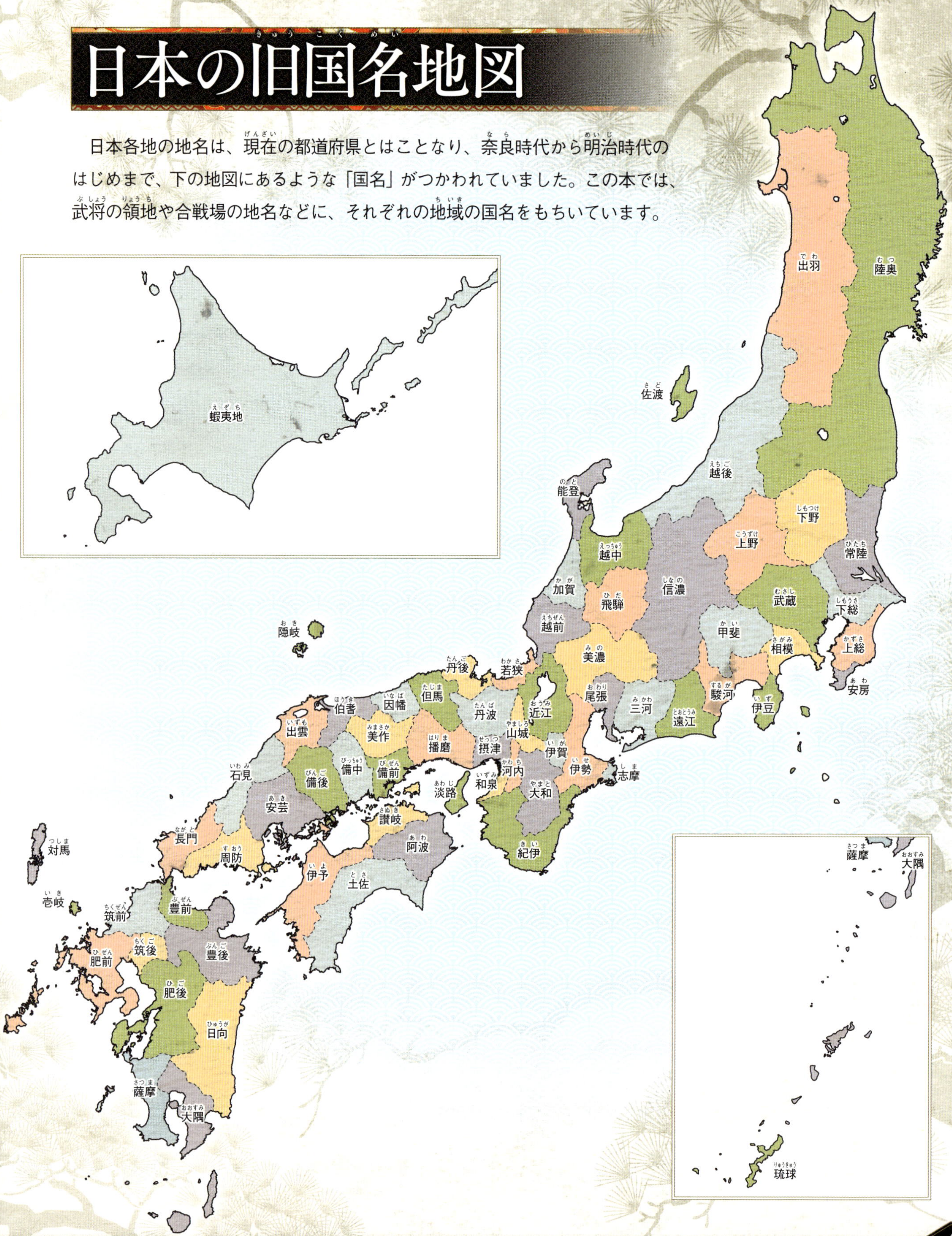

第一章 秀《ひで》吉《よし》の人《じん》物《ぶつ》像《ぞう》

戦国一の出世頭《しゅっせがしら》 豊臣秀吉《とよとみひでよし》

群雄《ぐんゆう》が割拠《かっきょ》する戦国時代。下克上《げこくじょう》の機運にのって全国の武将《ぶしょう》たちがしのぎをけずるなか、農民から身をたてて成功をつかんだ男、豊臣秀吉《とよとみひでよし》。彼《かれ》は、貪欲《どんよく》に出世の道をかけあがり、織田信長《おだのぶなが》の後継者《こうけいしゃ》として天下統一《てんかとういつ》をなしとげた。

生没年《せいぼつねん》 一五三七年ごろ～一五九八年

別称《べっしょう》 日吉丸《ひよしまる》、木下藤吉郎《きのしたとうきちろう》、羽柴秀吉《はしばひでよし》、関白《かんぱく》、太閤《たいこう》ほか

本拠《ほんきょ》 長浜城《ながはまじょう》（近江《おうみ》）、大坂城《おおさかじょう》（摂津《せっつ》）、伏見城《ふしみじょう》（山城《やましろ》）

おもな逸話《いつわ》と功績《こうせき》

信長《のぶなが》の家来《けらい》に

農家にうまれた秀吉《ひでよし》は、武士《ぶし》になることを夢《ゆめ》みて、青年期に家をでる。はじめ、今川家武将《いまがわけぶしょう》の松下《まつした》之綱《ゆきつな》の家臣《かしん》になるが、同僚《どうりょう》となじめずに離職《りしょく》。その後、信長《のぶなが》の草履《ぞうり》取《と》りとして織田家《おだけ》に採用《さいよう》され、献身的《けんしんてき》にはたらいた。

織田家《おだけ》で台頭《たいとう》

持ち前の機転をいかしてはたらくうちに、信長《のぶなが》に気にいられ、足軽《あしがる》として合戦にも参加。自分を売りこみつつ武功《ぶこう》をかさね、ついには織田家《おだけ》の重臣《じゅうしん》にまで出世する。中国《ちゅうごく》地方の平定《へいてい》では、遠征軍《えんせいぐん》の指揮官《しきかん》をまかされた。

信長《のぶなが》の後継者《こうけいしゃ》

本能寺《ほんのうじ》の変《へん》で信長《のぶなが》を死においやった明智光秀《あけちみつひで》を、秀吉《ひでよし》がいちはやく討伐《とうばつ》。その後、織田家《おだけ》の権力《けんりょく》を掌握《しょうあく》し、信長《のぶなが》の後継者《こうけいしゃ》となる。秀吉《ひでよし》は、信長《のぶなが》がめざした天下統一《てんかとういつ》事業をおしすすめた。

天下統一《てんかとういつ》を達成

朝廷《ちょうてい》の重職《じゅうしょく》である関白《かんぱく》に就任《しゅうにん》し、西日本、関東《かんとう》、東北《とうほく》を平定《へいてい》。天下《てんか》統一《とういつ》を達成した秀吉《ひでよし》は、「太閤検地《たいこうけんち》」や「刀狩令《かたながりれい》」などさまざまな制度《せいど》をつくり、全国を統治《とうち》した。

爆発的《ばくはつてき》ブームをよんだ伝記『太閤記《たいこうき》』

秀吉《ひでよし》は、関白《かんぱく》をしりぞいたのち、太閤《たいこう》の肩書《かたが》きをもった。彼《かれ》の一生をえがいた伝記は『甫庵太閤記《ほあんたいこうき》』や『川角太閤記《かわすみたいこうき》』など複数《ふくすう》つくられ、それらに創作《そうさく》をくわえた『絵本太閤記《えほんたいこうき》』が江戸《えど》時代中期に発刊《はっかん》される。『絵本太閤記《えほんたいこうき》』は、秀吉《ひでよし》が立身出世していくドラマチックな物語がわかりやすい挿絵《さしえ》とともにえがかれ、庶民《しょみん》を中心に爆発的《ばくはつてき》なブームとなった。

『絵本太閤記《えほんたいこうき》』文：武内確斎《たけうちかくさい》 絵：岡田玉山《おかだぎょくざん》
一七九七年から一八〇二年にかけて、全七編《へん》、八十四冊《さつ》を発行。歌舞伎《かぶき》や浄瑠璃《じょうるり》でもえんじられ、ブームに拍車《はくしゃ》をかけた。

秀吉《ひでよし》の人生

秀吉《ひでよし》は、やすやす出世して天下人にまでのぼりつめたかのように見える。しかし、さまざまな障壁《しょうへき》を打破《だは》し、すべてのチャンスをつかみとるという彼《かれ》の処世術《しょせいじゅつ》は、だれもが真似《まね》できるものではない。

一五三七年｜一歳《さい》

尾張《おわり》の農民の子として誕生《たんじょう》。日吉丸《ひよしまる》と名づけられる。

一五五一年｜十五歳《さい》

武士《ぶし》になろうと出立し、今川家《いまがわけ》武将《ぶしょう》の松下之綱《まつしたゆきつな》に仕《つか》える。

一五五四年｜十八歳《さい》

織田家《おだけ》に仕《つか》え、信長《のぶなが》の草履取《ぞうりと》りになる。

一五六一年｜二十五歳《さい》

武家《ぶけ》の娘《むすめ》のおね（北政所《きたのまんどころ》・高台院《こうだいいん》）と結婚《けっこん》。木下藤吉郎《きのしたとうきちろう》に改名する。

一五六六年｜三十歳《さい》

美濃《みの》攻《ぜ》め

信長《のぶなが》の意をくんで積極的にたたかい、武功《ぶこう》をあげる。

一五七〇年｜三十四歳《さい》

金ヶ崎《かねがさき》の戦《たたか》い

撤退戦《てったいせん》の殿《しんがり》をつとめて信長《のぶなが》を窮地《きゅうち》から救い、大手柄《おおてがら》をあげる。

P16

清洲会議《きよすかいぎ》

信長《のぶなが》の後継者《こうけいしゃ》をきめる会議で、柴田勝家《しばたかついえ》と対立する。

一五八三年｜四十七歳《さい》

賤ヶ岳《しずがたけ》の戦《たたか》い

柴田勝家《しばたかついえ》に勝利し、織田家《おだけ》の権力《けんりょく》を掌握《しょうあく》する。

P28

大坂城《おおさかじょう》の築城《ちくじょう》をはじめる。

一五八四年｜四十八歳《さい》

小牧《こまき》・長久手《ながくて》の戦《たたか》い

徳川家康《とくがわいえやす》とたたかい、和平締結時《わへいていけつじ》に優位《ゆうい》にたつ。

P34

一五九〇年｜五十四歳《さい》

小田原征伐《おだわらせいばつ》

北条家《ほうじょうけ》に勝利し、関東《かんとう》を支配下《しはいか》におく。

P48

奥州仕置《おうしゅうしおき》

伊達家《だてけ》などを臣従《しんじゅう》させて、東北《とうほく》地方を支配下《しはいか》におき、天下統一《てんかとういつ》を達成する。

P52

一五九二年｜五十六歳《さい》

文禄《ぶんろく》の役《えき》

朝鮮《ちょうせん》に出兵する。

P58

※年齢《ねんれい》は生まれた年を一歳《さい》として、以降《いこう》は新年のたびに一歳《さい》を加算する「数え年《かぞえどし》」で表示しています。

一五七三年｜三十七歳《さい》

羽柴秀吉《はしばひでよし》に改名する。小谷城《おだにじょう》の戦《たたか》いで活躍《かつやく》し、長浜城《ながはまじょう》をあたえられる。

一五八二年｜四十六歳《さい》

備中高松城《びっちゅうたかまつじょう》の戦《たたか》い

中国平定《ちゅうごくへいてい》をまかされ、毛利軍《もうりぐん》の城《しろ》に大規模《だいきぼ》な水攻《みずぜ》めをしかける。

P20

中国大返《ちゅうごくおおがえ》し

信長《のぶなが》の死を知り、中国《ちゅうごく》地方から京《きょう》まで短期間で帰還《きかん》する。

山崎《やまざき》の戦《たたか》い

明智光秀《あけちみつひで》をやぶり、信長《のぶなが》の敵討《かたきう》ちをはたす。

P24

一五八五年｜四十九歳《さい》

関白《かんぱく》に就任《しゅうにん》し、武家《ぶけ》よりも上位に君臨《くんりん》する。

四国平定《しこくへいてい》

長宗我部《ちょうそかべ》家《け》に勝利し、四国《しこく》を支配下《しはいか》におく。豊臣秀吉《とよとみひでよし》に改名する。

P38

一五八七年｜五十一歳《さい》

九州平定《きゅうしゅうへいてい》

島津《しまづ》家《け》に勝利し、九州《きゅうしゅう》を支配下《しはいか》におく。

P42

一五八八年｜五十二歳《さい》

浅井長政《あざいながまさ》とお市《いち》の方《かた》の娘《むすめ》、茶々《ちゃちゃ》（淀殿《よどどの》）を妻《つま》（側室《そくしつ》）にむかえる。刀狩令《かたながりれい》をだす。

一五九三年｜五十七歳《さい》

淀殿《よどどの》とのあいだに豊臣秀頼《とよとみひでより》が誕生《たんじょう》する。

一五九七年｜六十一歳《さい》

慶長《けいちょう》の役《えき》

再度《さいど》、朝鮮《ちょうせん》に出兵する。

P58

一五九八年｜六十二歳《さい》

病死する。

「人たらし」の秀吉《ひでよし》

農民から天下人にまでのぼりつめたその秘訣《ひけつ》は、「人たらし」とよばれる人心の掌握術《しょうあくじゅつ》にある。主君の草履《ぞうり》を懐《ふところ》であたためるような「自己《じこ》アピール能力《のうりょく》」、荒《あら》くれ者たちを手なづける「人をつかう能力《のうりょく》」、竹中半兵衛《たけなかはんべえ》や石田《いしだ》三成《みつなり》など有能《ゆうのう》な人材を登用する「人を見ぬく能力《のうりょく》」など、出世のための必須条件《ひっすじょうけん》をかねそなえていたのだ。天下人になって莫大《ばくだい》な富《とみ》を手にいれてからも、大盤《おおばん》ぶるまいをして庶民《しょみん》から愛されている。恐怖《きょうふ》で人を支配《しはい》した信長《のぶなが》に対し、秀吉《ひでよし》は、人の心をつかむことを重視《じゅうし》したのだ。

人物相関図

秀吉《ひでよし》は、織田家《おだけ》に仕官《しかん》して出世をはたし、信長《のぶなが》の死後はライバルたちを屈服《くっぷく》させて天下統一《てんかとういつ》をはたした。その間、味方から敵《てき》となった者や、敵《てき》から臣下《しんか》となった者など、さまざまな人物がいた。

味方

織田家《おだけ》

織田信長《おだのぶなが》
天下統一《てんかとういつ》をめざした織田《おだ》家《け》当主。秀吉《ひでよし》を重用《ちょうよう》した。

柴田勝家《しばたかついえ》
織田家重臣《おだけじゅうしん》。信長《のぶなが》の死後、秀吉《ひでよし》と敵対《てきたい》する。

丹羽長秀《にわながひで》
柴田勝家《しばたかついえ》と双璧《そうへき》をなす重《じゅう》臣《しん》。秀吉《ひでよし》を支持《しじ》した。

明智光秀《あけちみつひで》
謀叛《むほん》をおこし信長《のぶなが》を殺すも、秀吉《ひでよし》に討《う》たれる。

前田利家《まえだとしいえ》
少年期から信長《のぶなが》に仕《つか》える。秀吉《ひでよし》のよき理解者《りかいしゃ》。

家臣《かしん》

竹中半兵衛《たけなかはんべえ》
秀吉《ひでよし》をささえた名軍師《めいぐんし》。中国平定時《ちゅうごくへいていじ》に病死。

黒田官兵衛《くろだかんべえ》
半兵衛《はんべえ》なきあとの天才軍《ぐん》師。天下統一《てんかとういつ》に貢献《こうけん》。

加藤清正《かとうきよまさ》
秀吉《ひでよし》の親戚《しんせき》。稀代《きだい》の猛将《もうしょう》であり、築城《ちくじょう》の名手。

福島正則《ふくしままさのり》
秀吉《ひでよし》の従兄弟《いとこ》。清正《きよまさ》とならび称《しょう》された荒武者《あらむしゃ》。

石田三成《いしだみつなり》
秀吉《ひでよし》が重用《ちょうよう》した敏腕行政《びんわんぎょうせい》官《かん》。徹底《てってい》した合理主義者《ごうりしゅぎしゃ》。

臣従《しんじゅう》

のちに敵対《てきたい》

のちに敵対《てきたい》

親友

ライバル

浅井長政《あざいながまさ》

信長《のぶなが》と敵対《てきたい》。秀吉《ひでよし》ひきいる織田軍《おだぐん》に敗北する。

毛利輝元《もうりてるもと》

中国《ちゅうごく》地方を支配《しはい》。のちに秀吉《ひでよし》の信頼《しんらい》をえる。

徳川家康《とくがわいえやす》

織田家《おだけ》と同盟《どうめい》をむすぶが、秀吉《ひでよし》には不信感をもつ。

長宗我部家《ちょうそかべけ》

四国《しこく》の支配者《しはいしゃ》。四国平定《しこくへいてい》にのりだす秀吉《ひでよし》と敵対《てきたい》。

島津家《しまづけ》

九州《きゅうしゅう》の支配者《しはいしゃ》。九州平定《きゅうしゅうへいてい》を断行《だんこう》する秀吉《ひでよし》と敵対《てきたい》。

伊達政宗《だてまさむね》

東北《とうほく》地方南部を制覇《せいは》する。秀吉《ひでよし》から敵視《てきし》された。

豊臣秀吉《とよとみひでよし》

織田家《おだけ》に仕《つか》えて出世。信長《のぶなが》の死後に織田家《おだけ》の実権《じっけん》を継承《けいしょう》し、天下統《てんかとう》一《いつ》を達成した。

妻子《さいし》

おね 北政所《きたのまんどころ》・高台院《こうだいいん》

秀吉《ひでよし》の妻《つま》(正室《せいしつ》)。秀吉《ひでよし》を理解《りかい》し、ささえつづけた。

茶々《ちゃちゃ》 淀殿《よどどの》

浅井長政《あざいながまさ》の娘《むすめ》。秀吉《ひでよし》の妻《つま》(側室《そくしつ》)。秀頼《ひでより》をうむ。

豊臣秀頼《とよとみひでより》

秀吉《ひでよし》の実子。後継者《こうけいしゃ》として期待される。

秀吉《ひでよし》の所用品

鎧兜《よろいかぶと》や陣羽織《じんばおり》など、秀吉《ひでよし》は、派手《はで》なデザインをこのんだ。小柄《こがら》な体格《たいかく》で猿《さる》のような顔をしていたとされる秀吉《ひでよし》は、斬新《ざんしん》なファッションで威厳《いげん》を演出《えんしゅつ》していたのかもしれない。

刀—一期一振《いちごひとふり》

毛利輝元《もうりてるもと》が所用していたが、秀吉《ひでよし》がたのみこんでゆずりうけた太刀《たち》。

陣羽織《じんばおり》—蜻蛉燕文様陣羽織《とんぼつばめもんようじんばおり》

背面《はいめん》に日輪とツバメ、前面にはトンボとツバメがえがかれている。

具足《ぐそく》—色々威二枚胴具足《いろいろおどしにまいどうぐそく》

兜《かぶと》は、仏教《ぶっきょう》の僧侶《そうりょ》がつかう法具をデザイン。鎧《よろい》は、カラフルな威糸《おどしいと》がつかわれている。

馬印《うまじるし》

戦陣《せんじん》にて大将《たいしょう》の所在《しょざい》を知らせる目印。秀吉《ひでよし》は金色の瓢箪《ひょうたん》をつけたものを使用した。

秀吉《ひでよし》の家紋《かもん》

沢瀉紋《おもだかもん》は妻《つま》おねの実家の家紋《かもん》。五三桐《ごさんのきり》は信長《のぶなが》から、五七桐《ごしちのきり》は天皇家《てんのうけ》から使用を許可《きょか》された家紋《かもん》だ。

太閤桐《たいこうぎり》

五七桐《ごしちのきり》

五三桐《ごさんのきり》

沢瀉紋《おもだかもん》(福島沢瀉《ふくしまおもだか》)

第二章

秀吉《ひでよし》のライバル

秀吉《ひでよし》のライバル 一

織田家臣団《おだかしんだん》

草履《ぞうり》取《と》りという身分から見る間に出世をしてきた秀吉《ひでよし》に不快感《ふかいかん》をいだく。

本拠地《ほんきょち》 尾張《おわり》（愛知県《あいちけん》）

非常識《ひじょうしき》な出世をとげる秀吉《ひでよし》
それを嫌悪《けんお》する家臣団《かしんだん》

秀吉《ひでよし》は、尾張《おわり》のまずしい農家にうまれたといわれる。青年時代に立身出世をこころざして旅だち、今川家《いまがわけ》の武将《ぶしょう》のもとではたらくも、同僚《どうりょう》にいじめられてやむなく辞職《じしょく》。その後、織田家《おだけ》で仕事をもらって信長《のぶなが》の雑用係《ざつようがかり》にくわえられ、草履《ぞうり》取《と》りや馬の世話などを率先《そっせん》しておこない、熱心にはたらいた。寒い日に信長《のぶなが》の草履《ぞうり》を胸元《むなもと》にいれてあたためておき、信長《のぶなが》に感心されたという逸話《いつわ》もある。信長《のぶなが》は秀吉《ひでよし》を気にいり、猿《さる》や鼠《ねずみ》とよんでからかいつつ、そばにおいたという。

秀吉《ひでよし》は、雑用係《ざつようがかり》から足軽《あしがる》に昇進《しょうしん》し、戦場で奮戦《ふんせん》した。その功をみとめられ、すぐに足軽隊《あしがるたい》の大将《たいしょう》に抜擢《ばってき》される。その後も、清洲城《きよすじょう》の石垣《いしがき》の修復《しゅうふく》を短期間で成功させるなどして積極的に功をかせぎ、やがて、織田家《おだけ》の武将《ぶしょう》のひとりとして、会議などで家臣団《かしんだん》の末席に参加できるまでになった。

しかし、家臣《かしん》の一部には、秀吉《ひでよし》に対して眉《まゆ》をひそめる者もいた。彼《かれ》らは、信長《のぶなが》にこびて出世したとさげすみ、身分をわきまえず発言するのは無礼だと激怒《げきど》していた。

秀吉《ひでよし》は、そんな者たちに実力をしめすべく、各地の合戦で奮戦《ふんせん》し、命がけで戦功をあげた。そんななか、信長《のぶなが》とともに越前《えちぜん》に侵攻《しんこう》した際《さい》、絶体絶命《ぜったいぜつめい》の窮地《きゅうち》におちいる。

信長《のぶなが》が敵軍《てきぐん》に包囲された。
そのとき秀吉《ひでよし》は!?

美濃《みの》攻《ぜ》めにおける逸話《いつわ》
秀吉《ひでよし》の「墨俣一夜城《すのまたいちやじょう》」

秀吉《ひでよし》は、斎藤家《さいとうけ》を滅亡《めつぼう》させた美濃《みの》攻めにおいて、数々《かずかず》の戦功をあげたとつたわる。そのひとつは、たくみな話術《わじゅつ》で敵《てき》の武将《ぶしょう》たちを説得し、寝返《ねがえ》りを成功させたというもの。ほかにも、攻略《こうりゃく》の要所である墨俣《すのまた》に、たった一晩《ひとばん》で城《しろ》をつくったという「墨俣一夜城《すのまたいちやじょう》」の逸話《いつわ》もある。

ただし、墨俣一夜城《すのまたいちやじょう》については、後世に脚色《きゃくしょく》されたもののようだ。実際《じっさい》には、「秀吉《ひでよし》がこわれていた墨俣《すのまた》の砦《とりで》を修復《しゅうふく》した」とか、「もとからあった砦《とりで》を秀吉《ひでよし》が死守した」などと推察《すいさつ》されている。

対決!

金《かね》ケ崎《がさき》の戦《たたか》い

織田《おだ》・徳川《とくがわ》連合軍 VS《バーサス》 浅井《あざい》・朝倉《あさくら》連合軍

「金《かね》ヶ崎《がさき》の退《の》き口《ぐち》」とよばれる壮絶《そうぜつ》な撤退戦《てったいせん》

織田信長《おだのぶなが》は、朝倉義景《あさくらよしかげ》を打倒《だとう》するべく越前《えちぜん》に侵攻《しんこう》した。しかし、同盟《どうめい》していた北近江《きたおうみ》の浅井《あざい》長政《ながまさ》が突如裏切《とつじょうらぎ》り、金ヶ崎城《かねがさきじょう》を攻《せ》めおとしたばかりの織田軍《おだぐん》を、後方から襲撃《しゅうげき》する。信長《のぶなが》は、敵《てき》軍《ぐん》にはさまれて窮地《きゅうち》におちいり、撤退《てったい》するほか道はなかった。

撤退戦《てったいせん》は、逃《に》げる側が圧倒的《あっとうてき》に不利となる。そして、軍の最後方をつとめる「殿《しんがり》」は、敵《てき》の猛追《もうつい》をうけつつ味方を逃《に》がさなければならないため、壊滅的《かいめつてき》な被害《ひがい》をうける。この重大で深刻《しんこく》な役目を、秀吉《ひでよし》は、明智光秀《あけちみつひで》らとともにまかされた。一説には、功をねらう秀吉《ひでよし》が、自分から殿《しんがり》役《やく》を名のりでたとも。

覚悟《かくご》をきめた秀吉《ひでよし》は、信長《のぶなが》の本隊が後方の浅井軍《あざいぐん》を突破《とっぱ》して

合戦データ

◆1570年 春 ◆越前《えちぜん》（福井県《ふくいけん》）金《かね》ケ《が》崎《さき》					
織田《おだ》・徳川《とくがわ》連合軍	総大将《そうだいしょう》	織田信長《おだのぶなが》・徳川家康《とくがわいえやす》	戦力《せんりょく》	約3万人	負け
浅井《あざい》・朝倉《あさくら》連合軍	総大将《そうだいしょう》	浅井長政《あざいながまさ》・朝倉義景《あさくらよしかげ》	戦力《せんりょく》	約2万5千人	勝ち

イラスト：金《かね》ケ《が》崎城《さきじょう》にのこり応戦《おうせん》する秀吉《ひでよし》

安全圏《あんぜんけん》へと脱出《だっしゅつ》するまで、金《かね》ケ《が》崎城《さきじょう》にのこって激烈《もうれつ》にたたかい、時間をかせいだ。秀吉《ひでよし》の指揮《しき》のもと、織田軍《おだぐん》は統制《とうせい》をくずさず、弓や鉄砲《てっぽう》で応戦《おうせん》。朝倉軍《あさくらぐん》は、織《お》田軍《だぐん》の猛反撃《もうはんげき》に、距離《きょり》をつめることができなかった。

その結果、信長《のぶなが》は無事に逃《に》げのびた。秀吉《ひでよし》ら殿軍《しんがりぐん》も生還《せいかん》をはたし、織田軍《おだぐん》の被害《ひがい》は最小限《さいしょうげん》にとどめられた。この一戦は「金《かね》ケ《が》崎《さき》の退《の》き口《ぐち》」の名でたたえられ、撤退戦《てったいせん》の手本とされる。

飛躍《ひやく》する秀吉《ひでよし》

この撤退戦《てったいせん》の成功で命をすくわれた信長《のぶなが》は、秀吉《ひでよし》を高く評価《ひょうか》し、家臣団《かしんだん》も秀吉《ひでよし》の実力をみとめざるをえなくなった。

その後、秀吉《ひでよし》は北近江《きたおうみ》の征討《せいとう》をまかされ、浅井《あさい》家《け》を滅亡《めつぼう》させる。信長《のぶなが》はその褒美《ほうび》として、浅井《あさい》家《け》の領地《りょうち》をあたえて長浜城《ながはまじょう》をつくらせ、家臣《かしん》をもつことをゆるした。秀吉《ひでよし》は、はれて一国一城《いっこくいちじょう》の主《あるじ》となったのだ。

このころに秀吉《ひでよし》は、姓《せい》を木下《きのした》から羽柴《はしば》にあらためている。この名は、「羽《は》」の字を織田家重臣《おだけじゅうしん》の丹羽長秀《にわながひで》から、「柴《しば》」の字を宿老《しゅくろう》の柴田勝家《しばたかついえ》から、一字ずつもらったといわれる。重鎮《じゅうちん》のふたりから名をもらったことで、家臣団《かしんだん》は、いよいよ秀吉《ひでよし》を無下《むげ》にできなくなった。こうして秀吉《ひでよし》は、織田《おだ》家《け》における地位を着実に高めていく。

秀吉《ひでよし》のライバル 二

毛利家《もうりけ》

勢力《せいりょく》をのばす信長《のぶなが》と敵対《てきたい》。
中国《ちゅうごく》地方に遠征《えんせい》してきた
秀吉軍《ひでよしぐん》をむかえうつ。

本拠地《ほんきょち》 安芸《あき》（広島県《ひろしまけん》）

居城《きょじょう》 広島城《ひろしまじょう》

中国《ちゅうごく》地方を支配《しはい》する強者 秀吉《ひでよし》ひきいる遠征軍《えんせいぐん》と激闘《げきとう》

毛利家《もうりけ》は、もとは安芸《あき》の小領主《しょうりょうしゅ》にすぎなかった。しかし、毛利元就《もうりもとなり》が一代で中国《ちゅうごく》地方のほぼ全域《ぜんいき》を制覇《せいは》し、全国有数の大大名《だいだいみょう》にまでのしあがる。元就《もとなり》の死後は、孫の輝元《てるもと》がその支配権《しはいけん》をうけつぎ、周辺国ににらみをきかせつつ、織田《おだ》家《け》とは適度《てきど》な距離《きょり》をおいた。しかし、信長《のぶなが》を敵視《てきし》する将軍足利義昭《しょうぐんあしかがよしあき》や石山本願寺《いしやまほんがんじ》を、毛利家《もうりけ》が援助《えんじょ》したことで、織田家《おだけ》と対立。信長《のぶなが》が秀吉《ひでよし》を司令官にすえて中国《ちゅうごく》地方の征討《せいとう》にのりだしたため、輝元《てるもと》は応《おう》戦《せん》を決意する。

開戦当初、各地の合戦で織田軍《おだぐん》を撃退《げきたい》して優勢《ゆうせい》をとり、毛利軍《もうりぐん》に寝返《ねがえ》る武将《ぶしょう》もあらわれた。すると秀吉《ひでよし》は、軍師《ぐんし》の竹中半兵衛《たけなかはんべえ》の作戦を採用《さいよう》して長期戦にきりかえ、戦《せん》略上《りゃくじょう》の要所にある城《しろ》を包囲し、食料の補給《ほきゅう》を断絶《だんぜつ》する「兵糧攻《ひょうろうぜ》め」をはじめた。

播磨《はりま》の三木城《みきじょう》が兵糧攻《ひょうろうぜ》めをうけた三木合戦《みきかっせん》では、毛利軍《もうりぐん》は二年にわたり籠城《ろうじょう》しつづけたが、飢《う》えが限界《げんかい》をむかえ、やむなく降伏《こうふく》。因《いな》幡《ば》の鳥取城《とっとりじょう》における兵糧攻《ひょうろうぜ》めでは、城内《じょうない》の備蓄《びちく》がとぼしかったことで、三カ月で開城《かいじょう》においこまれた。

播磨《はりま》と因幡《いなば》を攻略《こうりゃく》した秀吉《ひでよし》は、次なる戦地、備中《びっちゅう》へと軍をすすめる。その標的は、毛利軍《もうりぐん》の勇将《ゆうしょう》、清水宗治《しみずむねはる》が守る高松城《たかまつじょう》だった。

堅牢《けんろう》な守りの備中高松城《びっちゅうたかまつじょう》を秀吉《ひでよし》はどう攻略《こうりゃく》するか!?

秀吉《ひでよし》をささえる名軍師《めいぐんし》 竹中半兵衛《たけなかはんべえ》と黒田官兵衛《くろだかんべえ》

竹中半兵衛《たけなかはんべえ》は、美濃《みの》の斎藤家《さいとうけ》に仕《つか》えていたが、遊びにかまける当主の龍興《たつおき》に愛想をつかし、辞職《じしょく》して隠棲《いんせい》したとつたわる。秀吉《ひでよし》は、隠棲《いんせい》する半兵衛《はんべえ》のもとに何度もでむいて説得し、軍師《ぐんし》にむかえた。

智略《ちりゃく》にすぐれる半兵衛《はんべえ》は、秀吉《ひでよし》が担当《たんとう》した北近江《きたおうみ》の征討《せいとう》や中国《ちゅうごく》地方の攻略《こうりゃく》で、たくみな作戦をたてて勝利に貢献《こうけん》。しかし、持病が悪化し、三木合戦《みきかっせん》の決着前に他界してしまう。秀吉《ひでよし》の軍師《ぐんし》の座《ざ》は、半《はん》兵衛《べえ》が見こんだ智将《ちしょう》、黒田官兵衛《くろだかんべえ》がひきついだ。

対決！ 備中高松城《びっちゅうたかまつじょう》の戦《たたか》い

織田軍《おだぐん》 VS《バーサス》 毛利軍《もうりぐん》

難攻不落《なんこうふらく》の高松城《たかまつじょう》に黒田官兵衛《くろだかんべえ》が奇策《きさく》を弄《ろう》す

湿地帯《しっちたい》につくられた高松城《たかまつじょう》は、周囲の沼《ぬま》が堀《ほり》の役割《やくわり》をはたし、守りやすく、攻《せ》めづらい。守る城主《じょうしゅ》は、智勇《ちゆう》に名高い毛利《もうり》の忠《ちゅう》臣《しん》、清水宗治《しみずむねはる》。彼《かれ》は、堅牢《けんろう》な高《たか》松城《まつじょう》にこもり、敵《てき》の攻撃《こうげき》をしのぐ「籠城戦《ろうじょうせん》」の策《さく》をとる。

秀吉軍《ひでよしぐん》は、手始めに正攻法《せいこうほう》で城外《じょうがい》から攻撃《こうげき》するも、当然のごとく失敗におわる。次に、「降《こう》伏《ふく》すれば備中《びっちゅう》をあたえる」と清《し》水宗治《みずむねはる》につたえて寝返《ねがえ》りをさそうが、まったくおうじない。ならば兵糧《ひょうろう》攻《ぜ》め……というところで、竹中半兵衛《たけなかはんべえ》のあとをついだ軍師《ぐんし》、黒田官兵衛《くろだかんべえ》が、大胆《だいたん》な策《さく》をたてた。「水攻《みずぜ》め」である。

さっそく秀吉《ひでよし》は、近くをながれる足守川《あしもりがわ》に、突貫《とっかん》工事で堤防《ていぼう》をつくらせた。梅雨時《つゆどき》で増水《ぞうすい》し

合戦データ	◆1582年 春	◆備中《びっちゅう》（岡山県《おかやまけん》）高松城《たかまつじょう》			
織田軍《おだぐん》	総大将《そうだいしょう》	羽柴秀吉《はしばひでよし》	戦力《せんりょく》	約3万人	勝ち
毛利軍《もうりぐん》	総大将《そうだいしょう》	清水宗治《しみずむねはる》	戦力《せんりょく》	約5千人	負け

イラスト：大規模《だいきぼ》な水攻《みずぜ》めをしかける秀吉《ひでよし》

ていた川のながれは、堤防《ていぼう》でせきとめられて行き場をうしない、高松城《たかまつじょう》にむかっておしよせる。すると高松城《たかまつじょう》は、周辺が沼《ぬま》地《ち》であることがわざわいし、あっという間に水びたしになってしまった。城主《じょうしゅ》の清水宗治《しみずむねはる》も、これにはなすすべがなかった。

宗治《むねはる》は、秀吉《ひでよし》が信長《のぶなが》に援軍《えんぐん》を要請《ようせい》したことを知り、やむなく降伏《こうふく》を決意。兵たちの命をすくうことを秀吉《ひでよし》に確約《かくやく》させたのち、自身は切腹《せっぷく》して他界した。

窮地《きゅうち》の毛利家《もうりけ》に幸運

秀吉《ひでよし》は、備中高松城《びっちゅうたかまつじょう》を陥落《かんらく》させると、毛《もう》利軍《りぐん》に和睦《わぼく》をもちかけ、全軍をまとめて京《きょう》にひきかえしてしまった。秀吉《ひでよし》は、本能寺《ほんのうじ》の変《へん》で信長《のぶなが》が明智光秀《あけちみつひで》に暗殺されたことを知り、あわてて撤退《てったい》したのだ。

一方、毛利輝元《もうりてるもと》も、信長《のぶなが》暗殺の情報《じょうほう》をつかんでいた。家臣団《かしんだん》は、秀吉軍《ひでよしぐん》を追撃《ついげき》するべきという者と、和睦《わぼく》を尊重《そんちょう》すべきという者とで意見が対立。最終的に、輝元は「和《わ》睦《ぼく》を尊重《そんちょう》して追撃《ついげき》しない」と決断《けつだん》した。

この決断《けつだん》が、のちに毛利家《もうりけ》に幸運をもたらす。秀吉《ひでよし》は、追撃《ついげき》されなかったことに感《かん》激《げき》し、毛利家《もうりけ》を厚遇《こうぐう》したのだ。豊臣政権下《とよとみせいけんか》において、毛利家《もうりけ》は中国《ちゅうごく》地方の百二十万石《こく》を安堵《あんど》され、輝元《てるもと》は最重職《さいじゅうしょく》である五大老《ごたいろう》のひとりに任命《にんめい》された。

秀吉《ひでよし》のライバル 三

明《あけ》智《ち》光《みつ》秀《ひで》

政治《せいじ》や調略《ちょうりゃく》で功をなした
織田《おだ》重臣《じゅうしん》。本能寺《ほんのうじ》の変《へん》で
主君の信長《のぶなが》を暗殺する。

本拠地《ほんきょち》 近江《おうみ》（滋賀県《しがけん》）
居《きょ》城《じょう》 坂本城《さかもとじょう》

「本能寺《ほんのうじ》の変《へん》」で信長《のぶなが》を抹殺《まっさつ》
織田《おだ》家《け》を混沌《こんとん》につきおとす

明智光秀《あけちみつひで》は、四十歳《さい》ごろに織田《おだ》家臣《かしん》となり、朝廷《ちょうてい》や幕府《ばくふ》との交渉《こうしょう》役《やく》などをつとめて重臣《じゅうしん》にまで出世した。異色《いしょく》の智将《ちしょう》だ。信長《のぶなが》からの信頼《しんらい》はあつく、丹波攻略《たんばこうりゃく》を成功させた際《さい》には「家臣《かしん》一番のはたらき」と絶賛《ぜっさん》されている。

その光秀《みつひで》が、なぜ「本能寺《ほんのうじ》の変《へん》」をおこしたのか。理由は現在《げんざい》でもわからず、さまざまな憶測《おくそく》をよんでいる。一説には、中国地方《ちゅうごく》の征討《せいとう》で目ざましい活躍《かつやく》をする秀《ひで》吉《よし》に嫉妬《しっと》したためともいわれる。

信長《のぶなが》は、「中国地方《ちゅうごく》を征討《せいとう》する秀吉《ひでよし》に協力せよ」と、光秀《みつひで》に命《めい》じた。光秀《みつひで》は、すぐさま兵をまとめて城《しろ》を出発したが、中国地方《ちゅうごく》にはむかわず、信長《のぶなが》が滞在《たいざい》する京《きょう》の本《ほん》能寺《のうじ》を襲撃《しゅうげき》して、その命をうばった。つづけざまに京《きょう》の二条御所《にじょうごしょ》にも進撃《しんげき》し、滞在《たいざい》していた信長《のぶなが》の息子、信忠《のぶただ》も殺してしまう。

京《きょう》を制圧《せいあつ》した光秀《みつひで》は、クーデターを正当化するために朝廷《ちょうてい》に金品をおくりつつ、周辺の大名には信長《のぶなが》の悪行を喧伝《けんでん》して共闘《きょうとう》をよびかけた。しかし、光秀《みつひで》に味方する者はあらわれない。

そこへ、遠征先《えんせいさき》からひきかえしてきた秀吉《ひでよし》をはじめ、織田家臣《おだかしん》たちが続々《ぞくぞく》と集結。敵討《かたきう》ちをはたすべく光秀《みつひで》の首をねらう。光秀《みつひで》は、決戦の覚悟《かくご》をきめた。

摂津《せっつ》と山城《やましろ》の国境《くにざかい》「山崎《やまざき》」で秀吉《ひでよし》と光秀《みつひで》が激突《げきとつ》する！

人生をかけた大勝負
秀吉《ひでよし》の「中国大返し《ちゅうごくおおがえし》」

中国地方《ちゅうごく》の征討《せいとう》で備中《びっちゅう》を攻略《こうりゃく》していた秀吉《ひでよし》は、本能寺《ほんのうじ》の変《へん》の翌日《よくじつ》に信長《のぶなが》の死亡《しぼう》を知った。軍師《ぐんし》の黒田官兵衛《くろだかんべえ》から「いちはやく帰京《ききょう》して光秀《みつひで》を討つべき」と進言されると、すぐさま実行にうつす。

遠征軍《えんせいぐん》をひきいた秀吉《ひでよし》は、備中《びっちゅう》から京《きょう》までの約二百キロメートルを、わずか一週間ほどで走破《そうは》した。その道すがら、織《お》田重臣《だじゅうしん》の丹羽長秀《にわながひで》や池田恒興《いけだつねおき》らと合流し、軍勢《ぐんぜい》は四万人にまでふくれあがる。秀吉《ひでよし》の命運をかけたこの強行軍は、のちに「中国大返し《ちゅうごくおおがえし》」とよばれた。

対決! 山崎《やまざき》の戦《たたか》い

織田軍《おだぐん》 VS《バーサス》 明智光秀《あけちみつひで》

別名「天王山《てんのうざん》の戦《たたか》い」 主君信長《しゅくんのぶなが》の敵討《かたきう》ち

光秀《みつひで》は、山崎《やまざき》の地に布陣《ふじん》して、せまりくる織田軍《おだぐん》と対峙《たいじ》した。秀吉《ひでよし》は、敵軍《てきぐん》に小ぜりあいをしかけつつ、戦場の側面にある山の「天王山《てんのうざん》」を占拠《せんきょ》し、軍《ぐん》師《し》の黒田官兵衛《くろだかんべえ》を布陣《ふじん》させた。山頂《さんちょう》から山崎《やまざき》一帯を見わたすことができるこの山の存在《そんざい》が、合戦の命運を左右したといわれる。山崎《やまざき》の戦《たたか》いの別名「天王山《てんのうざん》の戦《たたか》い」は、のちに、勝敗の分かれ目を意味する慣用句《かんようく》となる。

雨のなか、先に攻撃《こうげき》をしかけたのは明智軍《あけちぐん》だ。それに対し織《お》田軍《だぐん》は、天王山《てんのうざん》から戦況《せんきょう》を分析《ぶんせき》。激戦区《げきせんく》に援軍《えんぐん》をおくり、明智軍《あけちぐん》の攻撃《こうげき》をおしかえしていった。

織田軍《おだぐん》には、「信長《のぶなが》の敵討《かたきう》ち」という大義名分《たいぎめいぶん》があるので、兵士たちの士気もきわめて高い。

合戦データ					
◆1582年 夏 ◆山城《やましろ》（京都府《きょうとふ》）山崎《やまざき》					
織田軍《おだぐん》	総大将《そうだいしょう》	羽柴秀吉《はしばひでよし》・丹羽長秀《にわながひで》・池田恒興《いけだつねおき》ほか	戦力《せんりょく》	約4万人	勝ち
明智軍《あけちぐん》	総大将《そうだいしょう》	明智光秀《あけちみつひで》	戦力《せんりょく》	約1万6千人	負け

イラスト：天王山《てんのうざん》の上から指揮《しき》する黒田官兵衛《くろだかんべえ》

対する明智軍《あけちぐん》は、なんのために誰《だれ》とたたかっているのか、不明な兵もいたことだろう。彼《かれ》らは、織田軍《おだぐん》の猛攻《もうこう》をうけて、ほどなく総《そう》くずれになった。

光秀《みつひで》は、反撃《はんげき》をあきらめて後方の勝龍寺城《しょうりゅうじじょう》に撤退《てったい》した。しかし織田軍《おだぐん》に包囲され、数名の家臣《かしん》とともに城《しろ》から脱出《だっしゅつ》する。その道すがら、落《お》ち武者《むしゃ》をねらう農民たちに襲撃《しゅうげき》され、竹槍《たけやり》にさされた。光秀《みつひで》は、その傷《きず》で落命、または自刃《じじん》したとつたわる。

信長《のぶなが》の時代の終焉《しゅうえん》

光秀《みつひで》が戦死した二日後、安土城《あづちじょう》から原因《げんいん》不明《ふめい》の火の手があがり、天守閣《てんしゅかく》が焼失した。信長《のぶなが》が死亡《しぼう》し、その権威《けんい》の象徴《しょうちょう》だった安土《あづち》城《じょう》もうしなわれたことで、「信長《のぶなが》の時代」は幕《まく》をおろす。そして、その後継者《こうけいしゃ》をめぐり、さまざまな思惑《おもわく》が交錯《こうさく》する。

本能寺《ほんのうじ》の変《へん》がおきたとき、家臣団《かしんだん》は全国各地にちらばっていた。中国《ちゅうごく》方面の秀吉《ひでよし》は、四国《しこく》方面の丹羽長秀《にわながひで》と合流して京《きょう》にもどり、明智光秀《あけちみつひで》を討《う》ちとった。北陸《ほくりく》方面の柴田勝《しばたかつ》家《いえ》は、上杉軍《うえすぎぐん》と対峙《たいじ》していたため、秀吉《ひでよし》のような「大返《おおがえ》し」ができなかった。関東《かんとう》方面の滝川一益《たきがわかずます》は、北条軍《ほうじょうぐん》と合戦して敗北しており、逃《に》げるだけで精一杯《せいいっぱい》だった。

信長《のぶなが》の敵討《かたきう》ちをはたした秀吉《ひでよし》は、ライバルの同僚《どうりょう》たちを大きくだしぬいた格好《かっこう》だ。

秀吉《ひでよし》のライバル 四

柴《しば》田《た》勝《かつ》家《いえ》

織田家《おだけ》の掌握《しょうあく》をもくろむ秀吉《ひでよし》に対し、反《はん》秀吉《ひでよし》派《は》を結成して武力《ぶりょく》蜂起《ほうき》する。

本拠地《ほんきょち》 越前《えちぜん》（福井県《ふくいけん》）

居《きょ》城《じょう》 北之庄城《きたのしょうじょう》

清洲《きよす》会議《かいぎ》で秀吉《ひでよし》と対立
「打倒《だとう》秀吉《ひでよし》」をかかげた猛将《もうしょう》

信長《のぶなが》の後継者《こうけいしゃ》をきめるため、織《お》田家《だけ》の重臣《じゅうしん》たちが尾張《おわり》の清洲城《きよすじょう》に集結した。この清洲会議《きよすかいぎ》において、筆頭家老《ひっとうがろう》の柴田勝家《しばたかついえ》は、信長《のぶなが》の三男の信孝《のぶたか》を推薦《すいせん》する。そこへ秀吉《ひでよし》が、信長《のぶなが》の孫の三法師《さんぼうし》こそが後継《こうけい》者《しゃ》にふさわしいと提案《ていあん》し、両者が対立。紛糾《ふんきゅう》した議論《ぎろん》のすえ、後継《こうけい》者《しゃ》は三法師《さんぼうし》に決定した。主君の敵討《かたきう》ちをはたした秀吉《ひでよし》の発言力が、筆頭家老《ひっとうがろう》の勝家《かついえ》をうわまわったのだ。おさない三法師《さんぼうし》の後見人になった秀吉《ひでよし》は、織田家《おだけ》の絶大《ぜつだい》な権力《けんりょく》を手にいれた。信長《のぶなが》の葬儀《そうぎ》も、秀吉《ひでよし》が喪主《もしゅ》をつとめて大々的《だいだいてき》におこなわれた。

後継者候補《こうけいしゃこうほ》だった織田信孝《おだのぶたか》は、秀吉《ひでよし》のおもいあがった態度《たいど》に不満をいだき、反乱《はんらん》するうごきをみせた。秀吉《ひでよし》は、それを予想していたかのようにすばやく出陣《しゅつじん》し、信孝《のぶたか》を降伏《こうふく》においこむ。

これら一連の出来事に、勝家《かついえ》は激怒《げきど》していた。勝家《かついえ》は、秀吉《ひでよし》の排《はい》除《じょ》を決意し、織田信孝《おだのぶたか》や滝川一益《たきがわかずます》などの有力な武将《ぶしょう》を味方につけて、挙兵の準備《じゅんび》をすすめる。

それを察知した秀吉《ひでよし》は、勝家《かついえ》の挙兵にそなえて、越前《えちぜん》と近江《おうみ》の国《くに》境《ざかい》にある賤ヶ岳《しずがたけ》付近に守備隊《しゅびたい》を派《は》遣《けん》した。

勝家《かついえ》と秀吉《ひでよし》、ふたりの亀裂《きれつ》は、もはや修復不可能《しゅうふくふかのう》だった。

勝家《かついえ》が満を持して挙兵。秀吉《ひでよし》に決戦をいどむ！

敵対《てきたい》した両者に対する織田家臣団《おだかしんだん》の反応《はんのう》

織田家《おだけ》の重臣《じゅうしん》、丹羽長秀《にわながひで》と池田恒興《いけだつねおき》は、秀吉《ひでよし》とともに信長《のぶなが》の敵討《かたきう》ちをはたせたこともあり、秀吉《ひでよし》に味方していた。滝川一益《たきがわかずます》は、北条軍《ほうじょうぐん》に大敗したことを秀吉《ひでよし》になじられ、勝家《かついえ》につく。前田利家《まえだとしいえ》は、秀吉《ひでよし》とは家族ぐるみで仲がよく、勝家《かついえ》とは上司と部下の間柄《あいだがら》であるため、どちらにつくかなやんでいた。

勝家《かついえ》は、清洲会議《きよすかいぎ》ののち、信長《のぶなが》の妹のお市《いち》の方《かた》と結婚《けっこん》し、三人の娘《むすめ》とともに庇《ひ》護《ご》した。その真意は不明だが、織田家《おだけ》を守るという気概《きがい》の一端《いったん》かもしれない。

対決！

賤《しず》ヶ《が》岳《たけ》の戦《たたか》い

羽柴秀吉《はしばひでよし》 VS《バーサス》 柴田勝家《しばたかついえ》

信長《のぶなが》の後継者《こうけいしゃ》をきめる秀吉《ひでよし》と勝家《かついえ》の頂上決戦《ちょうじょうけっせん》

はじめ、伊勢《いせ》で滝川一益《たきがわかずます》が挙兵し、羽柴軍《はしばぐん》と交戦した。それに呼応《こおう》して、勝家《かついえ》も越前《えちぜん》から挙兵。近江《おうみ》にむかって進軍し、賤《しず》ヶ《が》岳《たけ》でまちかまえていた羽柴《はしば》軍《ぐん》と対峙《たいじ》する。そこへ、一度は秀吉《ひでよし》に降伏《こうふく》していた織田信孝《おだのぶたか》が、岐阜城《ぎふじょう》で挙兵した。たまらず秀《ひで》吉《よし》は、柴田軍《しばたぐん》に背《せ》をむけて岐阜《ぎふ》城《じょう》の制圧《せいあつ》にむかう。

勝家《かついえ》は、そのときをまっていたとばかりに、総攻撃《そうこうげき》を開始した。しかしそれは、秀吉《ひでよし》がしかけた罠《わな》だった。羽柴軍《はしばぐん》は、あざやかに全軍を反転させると、突《とっ》撃《げき》してきた柴田軍《しばたぐん》を猛烈《もうれつ》に反撃《はんげき》したのだ。

羽柴軍《はしばぐん》には、福島正則《ふくしままさのり》や加藤《かとう》清正《きよまさ》など、屈強《くっきょう》な猛将《もうしょう》がそろう。彼《かれ》らは、功をきそうようにして

合戦データ	◆1583年 春 ◆近江《おうみ》（滋賀県《しがけん》）賤ヶ岳《しずがたけ》				
羽柴軍《はしばぐん》	総大将《そうだいしょう》	羽柴秀吉《はしばひでよし》	戦力《せんりょく》	約5万人	勝ち
柴田軍《しばたぐん》	総大将《そうだいしょう》	柴田勝家《しばたかついえ》	戦力《せんりょく》	約3万人	負け

イラスト：敵軍《てきぐん》に突撃《とつげき》する福島正則《ふくしままさのり》と加藤清正《かとうきよまさ》

柴田軍《しばたぐん》に突撃《とつげき》し、獅子奮迅《ししふんじん》の活躍《かつやく》を見せた。この合戦での武功《ぶこう》から、彼《かれ》らは「賤ヶ岳《しずがたけ》の七本槍《しちほんやり》」の名で称賛《しょうさん》をうける。

激戦《げきせん》のさなか、柴田軍《しばたぐん》の後方の守備《しゅび》をになう前田利家《まえだとしいえ》の部隊が、突如《とつじょ》、戦線から離脱《りだつ》した。それにより柴田軍《しばたぐん》の陣形《じんけい》がみだれ、やがて総《そう》くずれとなる。

敗北をさとった勝家《かついえ》は、やむなく本拠《ほんきょ》の北之庄城《きたのしょうじょう》へと撤退《てったい》する。秀吉《ひでよし》は、迅速《じんそく》に追撃《ついげき》し、大軍で北之庄城《きたのしょうじょう》をとりかこんだ。

勝家《かついえ》の死

勝家《かついえ》は、北之庄城《きたのしょうじょう》に撤退《てったい》する道中で、戦線を離脱《りだつ》した前田利家《まえだとしいえ》がいる越前府中城《えちぜんふちゅうじょう》にたちよった。そして、秀吉《ひでよし》と仲がよかった利家《としいえ》の心情《しんじょう》をくみとり、裏切《うらぎ》り者《もの》とせめることなく、これまで部下としてよくはたらいてくれたと、労をねぎらったという。

秀吉軍《ひでよしぐん》が包囲する北之庄城《きたのしょうじょう》で、勝家《かついえ》は、妻《つま》のお市《いち》の方《かた》とともに自害した。北之庄城《きたのしょうじょう》は、内部から火の手があがって炎上《えんじょう》し、やがて落城《らくじょう》。お市《いち》の方《かた》の三人の娘《むすめ》は城《しろ》からにげおち、秀吉《ひでよし》によって保護《ほご》された。

その後、勝家《かついえ》に味方した織田信孝《おだのぶたか》は切腹《せっぷく》して世をさり、滝川一益《たきがわかずます》は降伏《こうふく》して秀吉《ひでよし》に臣従《しんじゅう》した。織田家《おだけ》の家督《かとく》をついだ三法師《さんぼうし》も、のちに秀吉《ひでよし》に臣従《しんじゅう》。秀吉《ひでよし》は、名実ともに信長《のぶなが》の後継者《こうけいしゃ》となったのだ。

秀吉《ひでよし》の親族

秀吉《ひでよし》は、多くの妻《つま》をとった。また、兄弟や親戚《しんせき》などを家臣《かしん》にめしかかえて、重要な役職《やくしょく》につかせた。親族たちは、それぞれの立場で秀吉《ひでよし》をささえた。

妻《つま》　おね（北政所《きたのまんどころ》・高台院《こうだいいん》）

秀吉《ひでよし》の妻《つま》（正室《せいしつ》）。織田家《おだけ》の弓衆《ゆみしゅう》をつとめる浅野家《あさのけ》の養女となる。十四歳《さい》のとき、足軽《あしがる》だった二十五歳《さい》の秀吉《ひでよし》から熱心に求《きゅう》婚《こん》されて、結婚《けっこん》した。子はさずからなかったが、献身的《けんしんてき》に秀吉《ひでよし》をささえ、出世とともに大所帯になっていく家中をきりもりし、家臣《かしん》たちをわが子のように世話したという。

妻《つま》　茶々《ちゃちゃ》（淀殿《よどどの》）

秀吉《ひでよし》の妻《つま》（側室《そくしつ》）。浅井長政《あざいながまさ》と、信長《のぶなが》の妹であるお市《いち》の方《かた》の娘《むすめ》。長政《ながまさ》とお市《いち》の方《かた》の命をうばった敵《かたき》ともいえる秀吉《ひでよし》と結婚《けっこん》し、ふたりの息子をうむ。長男の鶴松《つるまつ》は幼児期《ようじき》に病死。次男の秀頼《ひでより》は、秀吉《ひでよし》の跡継《あとつ》ぎとしてそだてられる。秀吉《ひでよし》の死後、秀頼《ひでより》とともに豊臣家《とよとみけ》をささえたが、大坂《おおさか》の役《えき》で徳川家《とくがわけ》とたたかい、敗北して自害した。

母《はは》　なか（大政所《おおまんどころ》）

夫の弥右衛門《やえもん》とともに農業をいとなむ。夫は、秀吉《ひでよし》が七歳《さい》のときに病死。その後、織田家《おだけ》に仕官《しかん》した秀吉《ひでよし》によばれて一緒《いっしょ》にくらす。秀吉《ひでよし》が関白《かんぱく》になると、大政所《おおまんどころ》とよばれるようになった。

弟《おとうと》　豊臣秀長《とよとみひでなが》

織田家《おだけ》に仕官《しかん》した秀吉《ひでよし》によばれ、秀吉《ひでよし》の家臣《かしん》になる。性格《せいかく》は温厚《おんこう》で、おもに執務《しつむ》をこなして秀吉《ひでよし》をささえた。合戦での指揮《しき》能力《のうりょく》もたかく、四国平定《しこくへいてい》では秀《ひで》吉《よし》にかわって総大将《そうだいしょう》をつとめた。秀吉《ひでよし》が天下統一《てんかとういつ》を達成した直後、一五九一年に病死した。

甥《おい》　豊臣秀次《とよとみひでつぐ》

秀吉《ひでよし》の姉の子。少年期から、秀吉《ひでよし》の外交の交渉《こうしょう》材料として、人質《ひとじち》や養子にだされた。秀吉《ひでよし》の息子の鶴松《つるまつ》が病死した際《さい》、秀吉《ひでよし》の養子となって、関白《かんぱく》の座《ざ》をゆずられる。しかし、秀吉《ひでよし》に次の息子の秀頼《ひでより》がうまれると、謀叛《むほん》のうたがいをかけられ、切腹《せっぷく》させられた。

甥《おい》　小早川秀秋《こばやかわひであき》

秀吉《ひでよし》の妻《つま》・おねの兄の五男。幼少期《ようしょうき》に秀吉《ひでよし》の養子になり、秀《ひで》吉《よし》の後継者候補《こうけいしゃこうほ》として、おねのもとで養育される。秀頼《ひでより》が誕生《たんじょう》すると、後継者候補《こうけいしゃこうほ》からはずされ、小早川家《こばやかわけ》へ養子にだされた。関ヶ原《せきがはら》の戦《たたか》いで、豊臣家《とよとみけ》を裏切《うらぎ》り、徳川軍《とくがわぐん》に寝返《ねがえ》る。

従兄弟《いとこ》　福島正則《ふくしままさのり》

秀吉《ひでよし》の従兄弟《いとこ》といわれる。青年期から秀吉《ひでよし》に仕《つか》えた。加藤清《かとうきよ》正《まさ》とならぶ荒武者《あらむしゃ》で、賤ヶ岳《しずがたけ》の戦《たたか》いでは、ともに「賤ヶ岳《しずがたけ》の七《しち》本槍《ほんやり》」として名があがる。天下《てんが》三名槍《さんめいそう》のひとつ「日本号《にほんごう》」を所持していたが、無類の酒ずきで、他家との飲みくらべ勝負で敗北し、日本号《にほんごう》を泣く泣く手ばなしている。

親戚《しんせき》　加藤清正《かとうきよまさ》

秀吉《ひでよし》と同郷《どうきょう》にうまれた。秀吉《ひでよし》とは親戚《しんせき》だといわれる。青年期から秀吉《ひでよし》に仕《つか》え、合戦で武功《ぶこう》をかさねる。賤ヶ岳《しずがたけ》の戦《たたか》いでは「賤ヶ岳《しずがたけ》の七本槍《しちほんやり》」のひとりにかぞえられ、朝鮮出兵《ちょうせんしゅっぺい》では朝鮮《ちょうせん》半島の奥《おく》ふかくまで攻《せ》めこんだ。築城《ちくじょう》の名手でもあり、熊本城《くまもとじょう》や名古屋城《なごやじょう》などを手がける。

秀吉《ひでよし》のライバル 五

徳《とく》川《がわ》家《いえ》康《やす》

織田家《おだけ》と同盟《どうめい》をむすぶが信長《のぶなが》の後継者《こうけいしゃ》を自称《じしょう》する秀吉《ひでよし》に警戒心《けいかいしん》をいだく。

本拠地《ほんきょち》 遠江《とおとうみ》（静岡県《しずおかけん》）

居城《きょじょう》 浜松城《はままつじょう》

信長《のぶなが》にしたがった苦労人 織田家《おだけ》の内紛《ないふん》で秀吉《ひでよし》と敵対《てきたい》

江戸幕府《えどばくふ》をひらいた天下の覇者《はしゃ》、徳川家康《とくがわいえやす》。しかし、それまでの道のりは苦労の連続だった。少年期から青年期まで、人質《ひとじち》にだされて今川家《いまがわけ》で生活した。その後、今川《いまがわ》家《け》が崩壊《ほうかい》して独立《どくりつ》をはたすも、信《のぶ》長《なが》との同盟《どうめい》は過酷《かこく》をきわめた。織《お》田《だ》・徳川《とくがわ》連合軍の名のもとに、信《のぶ》長《なが》がいどむ破天荒《はてんこう》な合戦にことごとく従軍《じゅうぐん》させられ、三方ヶ原《みかたがはら》の戦《たたか》いでは、武田軍《たけだぐん》に大敗北をきっして絶体絶命《ぜったいぜつめい》の危機《きき》をむかえる。それでも家康《いえやす》は、天下統一《てんかとういつ》をめざす信長《のぶなが》と、行動をともにした。

本能寺《ほんのうじ》の変《へん》で信長《のぶなが》が暗殺されたとき、大坂湾《おおさかわん》に面する堺《さかい》の町にいた家康《いえやす》は、明智光秀《あけちみつひで》の手勢《てぜい》や落《お》ち武者狩《むしゃが》りをする民衆《みんしゅう》に首をねらわれ、命からがら自国にもどった。帰国後、信長《のぶなが》の敵討《かたきう》ちをするべく出兵の準備《じゅんび》をするが、秀吉《ひでよし》がすばやく光秀《みつひで》を討《う》ちとったため、合戦には間にあわなかった。

その後、織田家《おだけ》では信長《のぶなが》の後継《こうけい》者《しゃ》あらそいが勃発《ぼっぱつ》するが、家康《いえやす》はこれを静観。秀吉《ひでよし》が、柴田勝家《しばたかついえ》をやぶって信長《のぶなが》の権力《けんりょく》を継承《けいしょう》したときも、情勢《じょうせい》を見きわめていた。

すると、信長《のぶなが》の次男の織田信雄《おだのぶかつ》から、秀吉《ひでよし》を討《う》ちとるために協力してほしいとたのまれた。家康《いえやす》は、秀吉《ひでよし》の排除《はいじょ》を決意し、信雄《のぶかつ》の要請《ようせい》をうけいれて出陣《しゅつじん》する。

猛者《もさ》ぞろいの徳川軍《とくがわぐん》に対し 秀吉《ひでよし》が意外な一手にでる！

信長《のぶなが》の息子ではあるが 人望とぼしい「織田信雄《おだのぶかつ》」

信長《のぶなが》の後継者《こうけいしゃ》をきめる清洲会議《きよすかいぎ》。序列《じょれつ》では次男の信雄《のぶかつ》が筆頭で推薦《すいせん》されるところだが、だれもその名をあげなかった。信雄《のぶかつ》は、独断《どくだん》で伊賀《いが》に侵攻《しんこう》して大敗したことがある。また、本能寺《ほんのうじ》の変《へん》で信長《のぶなが》が暗殺されたときは、敵討《かたきう》ちのために出兵しかけたが途中《とちゅう》でやめた。安土城《あづちじょう》の炎《えん》上《じょう》は、信雄《のぶかつ》の失火が原因《げんいん》ともいわれる。信雄《のぶかつ》は、自分が織田家《おだけ》をひきいるつもりで秀吉《ひでよし》と手をくみ、柴田勝家《しばたかついえ》をたおした。しかし、その後の秀吉《ひでよし》の尊大《そんだい》な態度《たいど》に憤慨《ふんがい》し、家康《いえやす》に協力をあおいだのだ。

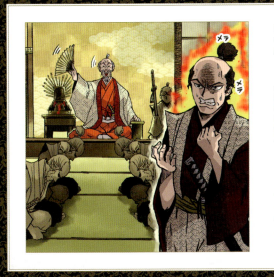

対決!

小《こ》牧《まき》・長《なが》久《く》手《て》の戦《たたか》い

羽柴秀吉《はしばひでよし》 VS《バーサス》 徳川家康《とくがわいえやす》

野戦巧者《こうしゃ》の徳川軍《とくがわぐん》に秀吉《ひでよし》は外交戦で対抗《たいこう》

　きっかけは、織田信雄《おだのぶかつ》が、秀吉《ひでよし》と内通する家臣《かしん》を処刑《しょけい》したことにはじまる。激怒《げきど》した秀吉《ひでよし》は、信雄《のぶかつ》を討《う》つべく挙兵。信雄《のぶかつ》は、父の信長《のぶなが》が信頼《しんらい》をよせた徳《とく》川家康《がわいえやす》に、秀吉《ひでよし》の討伐《とうばつ》を要請《ようせい》する。こうして、羽柴軍《はしばぐん》と徳川軍《とくがわぐん》は、尾張《おわり》の小牧山《こまきやま》で対峙《たいじ》した。

　両軍は、小規模《しょうきぼ》な戦闘《せんとう》をくりかえしつつ、にらみあった。ただし、徳川軍《とくがわぐん》はいずれの戦闘《せんとう》でも優勢《ゆうせい》をとる。信長《のぶなが》と共闘《きょうとう》した数々《かずかず》の合戦できたえられ、野戦には滅法《めっぽう》強かったのだ。

　そこで秀吉《ひでよし》は、徳川家《とくがわけ》の領地《りょうち》を攻撃《こうげき》するべく、別働隊を三河《みかわ》にむかわせた。それを早々《そうそう》に察知した家康《いえやす》は、その別働隊を長《なが》久手《くて》にて奇襲《きしゅう》する。徳川軍《とくがわぐん》は、天下無双《てんかむそう》とよばれた猛将《もうしょう》の本《ほん》

合戦データ					
◆1584年 春～秋 ◆尾張《おわり》（愛知県《あいちけん》）小牧山《こまきやま》、長久手《ながくて》					
羽柴軍《はしばぐん》	総大将《そうだいしょう》	羽柴秀吉《はしばひでよし》	戦力《せんりょく》	約7万人	引きわけ
徳川軍《とくがわぐん》	総大将《そうだいしょう》	徳川家康《とくがわいえやす》	戦力《せんりょく》	約3万5千人	引きわけ

イラスト：小牧山《こまきやま》で対峙《たいじ》する秀吉《ひでよし》と家康《いえやす》

多忠勝《ただかつ》が奮戦《ふんせん》し、羽柴軍《はしばぐん》を圧倒《あっとう》。秀吉《ひでよし》に味方する森長可《もりながよし》や池田《いけだ》恒《つね》興《おき》ら大物の武将《ぶしょう》を討《う》ちとり、快《かい》勝《しょう》をおさめた。

徳川軍《とくがわぐん》の実力を痛感《つうかん》した秀吉《ひでよし》は、戦況《せんきょう》が膠着状態《こうちゃくじょうたい》になった隙《すき》をついて、織田信雄《おだのぶかつ》の領地《りょうち》である伊勢《いせ》を攻撃《こうげき》した。そして、信《のぶ》雄《かつ》と内密《ないみつ》に交渉《こうしょう》して領地《りょうち》の保障《ほしょう》をもちかけつつ、講和《こうわ》を成立させる。家康《いえやす》は、信雄《のぶかつ》の戦線離脱《せんせんりだつ》で合戦の大義名分《たいぎめいぶん》をうしない、退却《たいきゃく》せざるをえなかった。

家康《いえやす》が秀吉《ひでよし》に屈服《くっぷく》

秀吉《ひでよし》は、合戦では家康《いえやす》にかなわなかったが、首謀者《しゅぼうしゃ》の信雄《のぶかつ》を外交でとりこむというはなれわざで、合戦をおわらせた。その後、秀吉《ひでよし》は家康《いえやす》とも講和《こうわ》をむすび、家康《いえやす》の次男の於義丸《おぎまる》（のちの結城秀康《ゆうきひでやす》）を養子としてさしださせた。実質的《じっしつてき》には、人質《ひとじち》である。

合戦の翌年《よくとし》、秀吉《ひでよし》は関白《かんぱく》に就任《しゅうにん》した。その翌年《よくとし》には、天皇《てんのう》から豊臣《とよとみ》の姓《せい》をたまわり、太政大臣《だいじょうだいじん》に就任《しゅうにん》する。諸大名《しょだいみょう》よりも上位にたつ役職《やくしょく》をえた秀吉《ひでよし》は、家康《いえやす》を臣従《しんじゅう》させるべく、上洛《じょうらく》を要請《ようせい》する。ところが、家康《いえやす》がなかなかおうじないため、秀吉《ひでよし》は、母親の大政所《おおまんどころ》を人質《ひとじち》としてさしだす。その硬軟《こうなん》おりまぜた手腕《しゅわん》と熱意に、家康《いえやす》は根負《こんま》けし、要請《ようせい》におうじて上洛《じょうらく》。諸大名《しょだいみょう》の前で秀吉《ひでよし》に頭をさげて、臣従《しんじゅう》することを宣言《せんげん》した。

第二章 五 徳川家康

秀吉《ひでよし》のライバル 六

長宗我部元親《ちょうそかべもとちか》

四国《しこく》を制覇《せいは》するも、秀吉《ひでよし》が四国平定《しこくへいてい》に着手し敵対《てきたい》する。

本拠地《ほんきょち》 土佐《とさ》（高知県《こうちけん》）

居城《きょじょう》 岡豊城《おこうじょう》

四国《しこく》統一《とういつ》をはたした勇将《ゆうしょう》 攻《せ》めくる秀吉《ひでよし》に反抗《はんこう》

長宗我部《ちょうそかべ》家《け》は、平安《へいあん》時代からつづく名家だが、元親《もとちか》が二十一代当主となったときは、土佐《とさ》の小領主《しょうりょうしゅ》のひとつにすぎなかった。しかし元親《もとちか》は、じわじわと勢力《せいりょく》を広げて土佐《とさ》を平定《へいてい》し、さらに阿波《あわ》と讃岐《さぬき》も制圧《せいあつ》する。その間、織田信長《おだのぶなが》から臣従《しんじゅう》をせまられて対立したが、本能寺《ほんのうじ》の変《へん》で信長《のぶなが》が死亡《しぼう》し、危機《きき》をのがれる。

元親《もとちか》は、秀吉《ひでよし》ともたびたび敵対《てきたい》した。賤ヶ岳《しずがたけ》の戦《たたか》いでは柴田勝家《しばたかついえ》と、小牧《こまき》・長久手《ながくて》の戦《たたか》いでは徳川《とくがわ》家康《いえやす》と手をくみ、後方から羽柴軍《はしばぐん》に牽制《けんせい》をくわえた。

一五八五年、元親《もとちか》は伊予《いよ》を制圧《せいあつ》し、ついに四国《しこく》のほぼ全域《ぜんいき》の統一《とういつ》をはたした。しかしその同年、秀《ひで》吉《よし》から「阿波《あわ》、讃岐《さぬき》、伊予《いよ》を返上せよ」という不条理《ふじょうり》な命令がとどく。長年かけて四国統一《しこくとういつ》をなしとげたばかりの元親《もとちか》は、当然のごとくその命令を拒絶《きょぜつ》。羽柴軍《はしばぐん》の侵攻《しんこう》にそなえて、本州《ほんしゅう》に面した海岸線の防御《ぼうぎょ》をかためた。

秀吉《ひでよし》は、四国《しこく》の征伐《せいばつ》を決意し、派兵《はへい》の準備《じゅんび》をととのえた。しかし、いざ出陣《しゅつじん》というときに病気をわずらい、同行を断念《だんねん》。かわりに弟の秀長《ひでなが》を総大将《そうだいしょう》にたて、智将《ちしょう》の黒田《くろだ》官兵衛《かんべえ》を軍師《ぐんし》につけるとともに、臣従《しんじゅう》した毛利家《もうりけ》にも参戦を命令し、大軍勢《だいぐんぜい》で四国攻《しこくぜ》めを敢行《かんこう》する。

羽柴軍《はしばぐん》はおよそ十二万。元親《もとちか》に勝機はあるのか⁉

天下統一《てんかとういつ》にむけて多忙《たぼう》をきわめる秀吉《ひでよし》

このころの秀吉《ひでよし》は、天下統一《てんかとういつ》にむけてさまざまな仕事を同時進行させている。一五八四年、小牧《こまき》・長久手《ながくて》の戦《たたか》いを決着させてから、朝廷《ちょうてい》に接近《せっきん》して公卿《くぎょう》の肩書《かたが》きを取得。一五八五年に、敵対《てきたい》していた雑賀衆《さいかしゅう》を撃破《げきは》して紀伊《きい》を奪取《だっしゅ》すると、四《し》国《こく》に征伐軍《せいばつぐん》を派兵《はへい》しつつ、越中《えっちゅう》の平定《へいてい》にも着手。それと同時に、朝廷内《ちょうていない》の権力騒《けんりょくそう》動《どう》にも介入《かいにゅう》して、漁夫《ぎょふ》の利《り》をえるかたちで関白《かんぱく》に就任《しゅうにん》し――。

四国《しこく》への参陣《さんじん》は病気で断念《だんねん》というのは、多忙《たぼう》な秀吉《ひでよし》の方便《ほうべん》ともいわれる。

対決！

四国平定《しこくへいてい》

羽柴秀吉《はしばひでよし》 VS《バーサス》 長宗我部元親《ちょうそかべもとちか》

大兵力の羽柴軍《はしばぐん》が三方面から四国《しこく》に侵攻《しんこう》

本州《ほんしゅう》と四国《しこく》をへだてる瀬戸内《せとない》海《かい》の海域《かいいき》は、毛利水軍《もうりすいぐん》の勢力下《せいりょくか》にある。その毛利家《もうりけ》が、秀吉《ひでよし》に全面協力したことで、羽柴軍《はしばぐん》の大軍勢《だいぐんぜい》はやすやすと四国《しこく》への上陸をはたしていった。

讃岐《さぬき》に上陸した黒田官兵衛《くろだかんべえ》は、約二万の兵で長宗我部軍《ちょうそかべぐん》を圧倒《あっとう》する。またたく間に複数《ふくすう》の城《しろ》を陥落《かんらく》させて敵《てき》の戦意をそぐと、すぐさま兵をまとめて南進し、阿波《あわ》を攻略《こうりゃく》する本隊との合流をめざした。

そのころ伊予《いよ》では、およそ四万の毛利軍《もうりぐん》が一斉《いっせい》に上陸していた。城《しろ》や砦《とりで》を次々《つぎつぎ》と攻略《こうりゃく》して、内地にむかって猛烈《もうれつ》に侵攻《しんこう》。およそ二カ月という短期間で、伊《い》予全域《よぜんいき》の制圧《せいあつ》を完遂《かんすい》する。

秀吉《ひでよし》の弟、秀長《ひでなが》がひきいる約

合戦データ	◆1585年 夏	◆讃岐《さぬき》(香川県《かがわけん》)、阿波《あわ》(徳島県《とくしまけん》)、伊予《いよ》(愛媛県《えひめけん》)			
羽柴軍《はしばぐん》	総大将《そうだいしょう》	羽柴秀長《はしばひでなが》	戦力《せんりょく》	約12万人	勝ち
長宗我部軍《ちょうそかべぐん》	総大将《そうだいしょう》	長宗我部元親《ちょうそかべもとちか》	戦力《せんりょく》	約4万人	負け

イラスト：羽柴軍《はしばぐん》と長宗我部軍《ちょうそかべぐん》の激闘《げきとう》

六万の羽柴軍《はしばぐん》本隊は、阿波《あわ》から上陸した。ここでも羽柴軍《はしばぐん》は、一方的に敵軍《てきぐん》をうちやぶった。そこへ、黒田官兵衛《くろだかんべえ》の部隊も合流し、各所の城《しろ》を包囲して苛烈《かれつ》な攻撃《こうげき》をくりかえす。

長宗我部軍《ちょうそかべぐん》は、なすすべがなかった。元親《もとちか》は、最後まで抗戦《こうせん》して戦死することをのぞんだが、家臣団《かしんだん》に説得されて、やむなく降伏《こうふく》を決意。讃岐《さぬき》・伊予《いよ》・阿波《あわ》の三国を返上して、秀吉《ひでよし》への臣《しん》従《じゅう》をちかった。

没落《ぼつらく》する長宗我部家《ちょうそかべけ》

秀吉《ひでよし》の四国平定《しこくへいてい》は短期間でなしとげられ、屈辱的《くつじょくてき》な講和条件《こうわじょうけん》をうけいれた長宗我部家《ちょうそかべけ》には、土佐《とさ》一国だけがのこされた。

それでも元親《もとちか》は、長宗我部家《ちょうそかべけ》の存続《そんぞく》のため、天下統一《てんかとういつ》をめざす秀吉《ひでよし》につくして、各地の合戦で奮戦《ふんせん》した。しかし、九州平定《きゅうしゅうへいてい》に参陣《さんじん》した際《さい》に、溺愛《できあい》していた長男の信親《のぶちか》が戦死。元親《もとちか》は覇気《はき》をうしない、理由もなく忠臣《ちゅうしん》を処刑《しょけい》するなど、まるで別人のようなふるまいをくりかえす。

元親《もとちか》の死後、後継者騒動《こうけいしゃそうどう》で家中がみだれるなか、関ヶ原《せきがはら》の戦《たたか》いでは敗軍に属《ぞく》してしまったため、長宗我部家《ちょうそかべけ》は完全に没落《ぼつらく》した。跡継《あとつ》ぎの盛親《もりちか》は浪人《ろうにん》におちぶれ、再興《さいこう》をめざして大坂《おおさか》の役《えき》に参陣《さんじん》するも、敗北してとらえられ、最後は処刑《しょけい》された。

秀吉《ひでよし》のライバル 七

島津家《しまづけ》

九州《きゅうしゅう》のほぼ全域《ぜんいき》に勢力《せいりょく》をのばした島津家《しまづけ》に対し、秀吉《ひでよし》が九州平定《きゅうしゅうへいてい》を断行《だんこう》。

本拠地《ほんきょち》 薩摩《さつま》(鹿児島県《かごしまけん》)

居城《きょじょう》 国分城《こくぶじょう》

九州《きゅうしゅう》を征《せい》した薩摩《さつま》の猛者《もさ》
関白《かんぱく》秀吉《ひでよし》と真っ向勝負

戦国時代の九州《きゅうしゅう》は、薩摩《さつま》の島津《しまづ》家《け》、豊後《ぶんご》の大友家《おおともけ》、肥前《びぜん》の龍造《りゅうぞう》寺家《じけ》など、強豪《きょうごう》がひしめいていた。その均衡《きんこう》をうちやぶったのが、十六代当主の島津義久《しまづよしひさ》である。

義久《よしひさ》は、政治《せいじ》や外交を得意とし、家臣《かしん》の統率《とうそつ》にもすぐれた智将《ちしょう》だった。弟の義弘《よしひろ》は、武勇《ぶゆう》きわだつ猛将《もうしょう》で、「鬼島津《おにしまづ》」の異名《いみょう》をもつ。この兄弟が卓越《たくえつ》した才能《さいのう》を発揮《はっき》し、手はじめに薩摩《さつま》を平定《へいてい》する。そして、大隅《おおすみ》と日向《ひゅうが》に勢力《せいりょく》を広げ、豊《ぶん》後《ご》と肥前《ひぜん》も攻略《こうりゃく》して、またたく間に九州《きゅうしゅう》の大部分を獲得《かくとく》した。

豊後《ぶんご》の大名の大友宗麟《おおともそうりん》は、領地《りょうち》の大半を島津家《しまづけ》にうばわれると、関白《かんぱく》となった秀吉《ひでよし》の臣下《しんか》にくだって、救援《きゅうえん》を要請《ようせい》した。秀吉《ひでよし》は、これをうけいれて九州《きゅうしゅう》の平定《へいてい》に着手。まず、大名間の私闘《しとう》を禁《きん》じる惣無《そうぶ》事令《じれい》を朝廷《ちょうてい》の権限《けんげん》で九州《きゅうしゅう》に発令し、島津家《しまづけ》には奪取《だっしゅ》した領地《りょうち》の返還《へんかん》を命《めい》じた。しかし、島津家《しまづけ》はこの命令を無視《むし》し、九州統一《きゅうしゅうとういつ》にむけて進《しん》撃《げき》を続行。そこで秀吉《ひでよし》は、島津家《しまづけ》の討伐《とうばつ》を決断《けつだん》し、中国《ちゅうごく》の毛利家《もうりけ》と四国《しこく》の長宗我部家《ちょうそかべけ》を先発隊として、九州《きゅうしゅう》に派兵《はへい》した。

島津軍《しまづぐん》は、その先発隊を猛烈《もうれつ》に攻《せ》めかえし、撃退《げきたい》に成功した。秀《ひで》吉《よし》は、島津家《しまづけ》の軍事力に危機感《ききかん》をおぼえ、自身が総大将《そうだいしょう》となって、大軍勢《だいぐんぜい》で九州《きゅうしゅう》にのりこんだ。

秀吉軍《ひでよしぐん》と島津軍《しまづぐん》が激突《げきとつ》！
九州平定《きゅうしゅうへいてい》のゆくえは⁉

西日本統一《とういつ》をめざす秀吉《ひでよし》
最大の難関《なんかん》、九州《きゅうしゅう》にいどむ

天下統一《てんかとういつ》をなしとげるにあたり、秀吉《ひでよし》は、中国《ちゅうごく》・四国《しこく》・九州《きゅうしゅう》の平定《へいてい》を優先《ゆうせん》した。中国《ちゅうごく》は毛利家《もうりけ》、四国《しこく》は長宗我部家《ちょうそかべけ》、九州《きゅうしゅう》は島津家《しまづけ》が、それぞれの地域《ちいき》を統一《とういつ》するほどに力をつけていたからだ。

すでに、毛利家《もうりけ》と長宗我部家《ちょうそかべけ》は臣従《しんじゅう》させた。のこる島津家《しまづけ》は、五万の大兵力をかかえる、戦上手《いくさじょうず》の猛者《もさ》ぞろいである。

秀吉《ひでよし》は、あえて理不尽《りふじん》な惣無事令《そうぶじれい》をだし、島津家《しまづけ》の違反《いはん》をさそって、討伐《とうばつ》の大《たい》義名分《ぎめいぶん》をつくった。そして、二十万の大《だい》軍勢《ぐんぜい》とともに、九州《きゅうしゅう》にのりこんだのだ。

対決! 九州平定《きゅうしゅうへいてい》

豊臣軍《とよとみぐん》 VS《バーサス》 島津軍《しまづぐん》

未曾有《みぞう》の大兵力を動員 豊臣軍《とよとみぐん》が怒涛《どとう》の攻勢《こうせい》

「九州平定《きゅうしゅうへいてい》」という呼称《こしょう》はいかにも平和的なひびきだが、実際《じっさい》には九州全域《きゅうしゅうぜんいき》でくりひろげられた大規模《だいきぼ》な軍事衝突《ぐんじしょうとつ》であり、「九州征伐《きゅうしゅうせいばつ》」や「島津攻《しまづぜ》め」などともよばれる。

百戦錬磨《ひゃくせんれんま》の島津軍《しまづぐん》に対し、秀吉《ひでよし》は、敵《てき》の四倍ちかい兵力を動員して、数で圧倒《あっとう》する策《さく》にでた。豊前《ぶぜん》から上陸した豊臣軍《とよとみぐん》は、部隊を二手《ふたて》にわけて、南端《なんたん》の薩摩《さつま》にむけて進撃《しんげき》を開始する。

秀吉《ひでよし》ひきいる本隊は、九州《きゅうしゅう》を西部から攻《せ》めくだり、筑前《ちくぜん》、筑後《ちくご》、肥後《ひご》を制圧《せいあつ》して、薩摩《さつま》の目前まで到達《とうたつ》した。九州《きゅうしゅう》西部を南進する分隊は、豊後《ぶんご》を制圧《せいあつ》して日向《ひゅうが》に突入《とつにゅう》し、まちかまえていた島津軍《しまづぐん》と根白坂《ねじろざか》で衝突《しょうとつ》する。

この根白坂《ねじろざか》の戦《たたか》いで、島津軍《しまづぐん》

合戦データ	◆1587年 春　◆九州全域《きゅうしゅうぜんいき》				
豊臣軍《とよとみぐん》	総大将《そうだいしょう》	豊臣秀吉《とよとみひでよし》	戦力《せんりょく》	約20万人	勝ち
島津軍《しまづぐん》	総大将《そうだいしょう》	島津義久《しまづよしひさ》	戦力《せんりょく》	約5万人	負け

イラスト：豊臣軍《とよとみぐん》を圧倒《あっとう》する島津義弘《しまづよしひろ》

をひきいるのは、鬼島津《おにしまづ》とよばれた猛将《もうしょう》、島津義弘《しまづよしひろ》である。義弘《よしひろ》は、みずから先頭で槍《やり》をふるって、豊臣軍《とよとみぐん》を猛烈《もうれつ》になぎたおしていった。豊臣軍《とよとみぐん》は劣勢《れっせい》をしいられるも、藤堂高虎《とうどうたかとら》や宇喜《うき》多《た》秀家《ひでいえ》ら救援《きゅうえん》部隊が合流し、形《けい》勢《せい》を逆転《ぎゃくてん》。島津軍《しまづぐん》をおしかえして、撤退《てったい》においこんだ。

根城坂《ねじろざか》の敗北をうけて、島津《しまづ》義久《よしひさ》は、抗戦《こうせん》の限界《げんかい》をさとる。そして、義久《よしひさ》が秀吉《ひでよし》に全面降伏《こうふく》し、九州平定《きゅうしゅうへいてい》が終結した。

秀吉《ひでよし》の寛大《かんだい》な処置《しょち》

島津義久《しまづよしひさ》は、秀吉《ひでよし》に降伏《こうふく》をもうしいれる際《さい》、恭順《きょうじゅん》の意をしめすために頭髪《とうはつ》をそりあげ、大小の刀もはずして謁見《えっけん》にのぞんだ。

義久《よしひさ》は、自身の切腹《せっぷく》はもちろんのこと、島津家《しまづけ》のとりつぶしや領地《りょうち》の没収《ぼっしゅう》も覚悟《かくご》していたことだろう。しかし、秀吉《ひでよし》はにこやかに義久《よしひさ》と対面し、薩摩《さつま》一国と、大隅《おおすみ》と日向《ひゅうが》の一部を、今後も島津家《しまづけ》の領地《りょうち》としてみとめるとつたえた。侵攻《しんこう》して獲得《かくとく》した領地こそ没収《ぼっしゅう》されたが、寛大《かんだい》な処置《しょち》といえる。

さらに秀吉《ひでよし》は、義久《よしひさ》が刀をおびていないことに気がつくと、「腰《こし》まわりがさびしかろう」といって、身につけていた短刀を手わたし、太刀《たち》も家臣《かしん》に用意させてわたした。秀吉《ひでよし》の度量に感服した義久《よしひさ》は、以後、積極的に豊臣政権《とよとみせいけん》に協力した。

秀吉《ひでよし》の役職《やくしょく》

秀吉《ひでよし》は、農民の身分から、段階《だんかい》をふんで出世をしていった。信長《のぶなが》の死後は、朝廷《ちょうてい》から官位《かんい》をさずかり、関白《かんぱく》へとのぼりつめる。

織田家臣時代《おだかしんじだい》

従者《じゅうしゃ》になる

小者《こもの》

秀吉《ひでよし》は、小者《こもの》をつとめていたときに信長《のぶなが》に気にいられた。そして、短期間で足軽《あしがる》に昇進《しょうしん》して、戦場にでたとみられる。

合戦に参加

足軽《あしがる》

史書『武功夜話《ぶこうやわ》』に、秀吉《ひでよし》が「百人足軽《ひゃくにんあしがる》組頭《くみがしら》となり立身出世した」としるされている。戦場では最下層《さいかそう》の兵士である足軽《あしがる》だが、秀吉《ひでよし》は、およそ百人の足軽隊《あしがるたい》を指揮《しき》する立場だったようだ。そして、合戦に参加して貪欲《どんよく》に戦功をかせぎ、武士《ぶし》へと出世する。

責任者《せきにんしゃ》をつとめる

清洲城普請奉行《きよすじょうふしんぶぎょう》

清洲城台所奉行《きよすじょうだいどころぶぎょう》

秀吉《ひでよし》は、信長《のぶなが》から清洲城《きよすじょう》の修復《しゅうふく》をまかされ、普請奉行《ふしんぶぎょう》に任命《にんめい》された。また、清洲城《きよすじょう》の台所事情《だいどころじじょう》を監督《かんとく》する台所奉行《だいどころぶぎょう》もつとめ、薪《まき》の使用量などを見なおして、大幅《おおはば》な節約を実現した。

城《しろ》もち大名になる

長浜城主《ながはまじょうしゅ》 筑前守《ちくぜんのかみ》

秀吉《ひでよし》は、三十七歳《さい》で長浜城《ながはまじょう》の城主《じょうしゅ》になった。筑前守《ちくぜんのかみ》とは、信長《のぶなが》からさずかった武家《ぶけ》の官位《かんい》だ。

従三位《じゅさんみ》 権大納言《ごんだいなごん》

小牧《こまき》・長久手《ながくて》の戦《たたか》いで徳川家康《とくがわいえやす》と講和《こうわ》したのち、官位《かんい》があがる。従三位《じゅさんみ》以上は高級貴族《きぞく》にあたる「公卿《くぎょう》」の身分となる。

正二位《しょうにい》 内大臣《ないだいじん》

一五八五年に官位《かんい》があがる。なお、信長《のぶなが》の最終官位《かんい》は正二位《しょうにい》だった。

従一位《じゅいちい》 関白《かんぱく》

四国平定《しこくへいてい》後、内大臣《ないだいじん》に昇進《しょうしん》してまもなく、関白《かんぱく》に就任《しゅうにん》した。関白《かんぱく》は、天皇《てんのう》の次席《じせき》にあたる身分で、全国の武家《ぶけ》よりも上位にたつ。なお、秀吉《ひでよし》は家柄《いえがら》の問題で、征夷大将軍《せいいたいしょうぐん》になることはできなかった。

武士《ぶし》になる

（役職《やくしょく》不明）

足軽《あしがる》は、合戦時は従軍《じゅうぐん》し、平時は農業などの副業をもつ。武士《ぶし》は、主君の家臣《かしん》として政務《せいむ》や軍務《ぐんむ》などをおこない、自身も配下に家臣《かしん》をもつ。武士《ぶし》になった当初の秀吉《ひでよし》の役職《やくしょく》は不明だが、織田家臣団《おだかしんだん》の末席にくわわる身分はあたえられていたようだ。

天下取りをめざした時代

朝廷《ちょうてい》から官位《かんい》をさずかる

従五位下《じゅごいげ》 左近衛少将《さこんえのしょうしょう》

清洲会議《きよすかいぎ》ののち、朝廷《ちょうてい》から官位《かんい》をさずかり、貴族《きぞく》の身分をえる。従五位下《じゅごいげ》は、地方領主《りょうしゅ》に相当する。

従四位下《じゅしいげ》 参議《さんぎ》

賤ケ岳《しずがたけ》の戦《たたか》いで勝利したのちに、官位《かんい》があがる。

従一位《じゅいちい》 太閤《たいこう》

奥州仕置《おうしゅうしおき》ののち、関白《かんぱく》を辞職《じしょく》して太閤《たいこう》になる。太閤《たいこう》とは、関白《かんぱく》からしりぞいた者の肩書《かたが》きだ。

秀吉《ひでよし》のライバル 八

北条家《ほうじょうけ》

関東《かんとう》地方の中南部を支配《しはい》。
秀吉《ひでよし》への従属《じゅうぞく》をこばみ、
小田原征伐《おだわらせいばつ》をまねく。

本拠地《ほんきょち》
相模《さがみ》（神奈川県《かながわけん》）

居城《きょじょう》
小田原城《おだわらじょう》

難攻不落《なんこうふらく》の小田原城《おだわらじょう》で秀吉《ひでよし》にあらがった大名

北条家《ほうじょうけ》の初代当主、北条早雲《ほうじょうそううん》は、「最初の戦国大名」とよばれる豪傑《ごうけつ》だった。室町幕府《むろまちばくふ》の役人から武将《ぶしょう》に転身して、伊豆《いず》と相模《さがみ》を奪取《だっしゅ》し、下克上《げこくじょう》で大名になったのだ。

その地盤《じばん》をついだ二代目の氏綱《うじつな》が、隣国《りんごく》に侵攻《しんこう》して領地《りょうち》を拡大《かくだい》。さらに、「相模《さがみ》の獅子《しし》」とよばれる三代目の氏康《うじやす》が、武田信玄《たけだしんげん》や上杉謙信《うえすぎけんしん》としのぎをけずりつつ関東《かんとう》中南部一帯にまで勢力《せいりょく》を広げて、北条家《ほうじょうけ》を全国有数の大名にまでおしあげる。その跡《あと》をつぎ、秀吉《ひでよし》と対峙《たいじ》したのが、四代目の氏政《うじまさ》である。

氏政《うじまさ》は、織田信長《おだのぶなが》がさしむけた征伐軍《せいばつぐん》を撃退《げきたい》したことがある。また、居城《きょじょう》の小田原城《おだわらじょう》は、上杉謙信《うえすぎけんしん》ですら攻《せ》めあぐねた難攻不落《なんこうふらく》の城《しろ》だ。その自信からか、関白《かんぱく》となった秀吉《ひでよし》から「京《きょう》におもむいて挨拶《あいさつ》せよ」との要請《ようせい》がとどいても拒絶《きょぜつ》し、大名間の私闘《しとう》を禁《きん》じる惣無事令《そうぶじれい》も無視《むし》して、敵対《てきたい》する真田家《さなだけ》に合戦をしかけていた。

関東平定《かんとうへいてい》をもくろむ秀吉《ひでよし》は、惣無事令《そうぶじれい》の違反《いはん》を大義名分《たいぎめいぶん》に、北条家《ほうじょうけ》の征伐《せいばつ》を決断《けつだん》した。そして、臣従《しんじゅう》する全国の大名によびかけて大軍を編成《へんせい》すると、関東《かんとう》にむけて一斉《いっせい》に進軍を開始する。

氏政《うじまさ》は、この事態《じたい》に動揺《どうよう》しつつも、小田原城《おだわらじょう》で籠城《ろうじょう》するかまえをとりつつ、活路《かつろ》を模索《もさく》していた。

全国の大名が秀吉《ひでよし》に加勢《かせい》。孤立《こりつ》する北条家《ほうじょうけ》の命運は⁉

小田原征伐《おだわらせいばつ》を利用して秀吉《ひでよし》が諸大名《しょだいみょう》を牽制《けんせい》

秀吉《ひでよし》にとって、関東《かんとう》の北条家《ほうじょうけ》が、天下統一《てんかとういつ》の障壁《しょうへき》となる最後の大名だった。このころ東北《とうほく》地方は、伊達家《だてけ》の勢力《せいりょく》が強いものの、中小の大名がおたがいで牽制《けんせい》しあっており、個《こ》としての力は弱い。

秀吉《ひでよし》は、この小田原征伐《おだわらせいばつ》を、全国の大名にむけたデモンストレーションとして利用した。秀吉《ひでよし》に臣従《しんじゅう》した者は厚遇《こうぐう》するが、拒否《きょひ》した者は、圧倒的《あっとうてき》な兵力をもって、完膚《かんぷ》なきまでに駆逐《くちく》する。この秀吉《ひでよし》の強烈《きょうれつ》なメッセージは、臣従《しんじゅう》をきめかねる諸大名《しょだいみょう》の心を大きくゆさぶった。

対決!

小田原征伐《おだわらせいばつ》

豊臣秀吉《とよとみひでよし》 VS《バーサス》 北条氏政《ほうじょううじまさ》

籠城《ろうじょう》する北条軍《ほうじょうぐん》を秀吉《ひでよし》が心理戦で攻略《こうりゃく》

全国の諸大名《しょだいみょう》をしたがえた豊臣軍《とよとみぐん》は、およそ二十万にたっしていた。その大軍勢《だいぐんぜい》が、北条氏政《ほうじょううじまさ》の居城《きょじょう》である小田原城《おだわらじょう》にむけて進軍していく。道中にある北条軍《ほうじょうぐん》の城《しろ》や砦《とりで》は、まるで巨人《きょじん》にふみつぶされたかのように、次々《つぎつぎ》と撃破《げきは》されていった。

小田原城《おだわらじょう》では、当主の氏政《うじまさ》と家臣団《かしんだん》が、評定《ひょうじょう》(会議)をかさねて苦悩《くのう》していた。全滅覚悟《ぜんめつかくご》で出撃《しゅつげき》するか、東北勢《とうほくぜい》の決起に期待して籠城《ろうじょう》するか、いっそ降伏《こうふく》するか——。会議は長びくが、結論《けつろん》がでない。後世、このような論議《ろんぎ》を揶揄《やゆ》して「小田原《おだわら》評定《ひょうじょう》」という言葉ができる。

ついに豊臣軍《とよとみぐん》が、小田原城《おだわらじょう》に到達《とうたつ》した。北条軍《ほうじょうぐん》は、なしくずしで籠城戦《ろうじょうせん》にはいる。秀吉《ひでよし》は、

合戦データ					
◆1590年 春	◆相模《さがみ》（神奈川県《かながわけん》）小田原城《おだわらじょう》				
豊臣軍《とよとみぐん》	総大将《そうだいしょう》	豊臣秀吉《とよとみひでよし》	戦力《せんりょく》	約20万人	勝ち
北条軍《ほうじょうぐん》	総大将《そうだいしょう》	北条氏政《ほうじょううじまさ》	戦力《せんりょく》	約5万人	負け

イラスト：城内《じょうない》で評定《ひょうじょう》する氏政《うじまさ》と、城《しろ》を包囲する秀吉《ひでよし》

城《しろ》を包囲すると、攻撃《こうげき》はしかけずに、小田原《おだわら》一帯を見おろせる石垣山《いしがきやま》の林の中で、ひそかに城《しろ》をつくらせた。そして、八十日後に城《しろ》が完成すると、周囲の木々《きぎ》を一気に切りたおす。

籠城《ろうじょう》する北条軍《ほうじょうぐん》からは、石垣《いしがき》山《やま》の上に、いきなり城《しろ》があらわれたように見えた。「敵《てき》が一晩《ひとばん》で城《しろ》をつくった」とうわさがたち、兵たちは戦意を喪失《そうしつ》。勝機を見いだせない氏政《うじまさ》は、秀吉《ひでよし》に降伏《こうふく》し、城《しろ》をあけわたした。

北条家《ほうじょうけ》の滅亡《めつぼう》

氏政《うじまさ》は、秀吉《ひでよし》が提示《ていじ》した「武蔵《むさし》、相模《さがみ》、伊豆《いず》の支配《しはい》をみとめる」という条件《じょうけん》をのんで降伏《こうふく》した。しかし、秀吉《ひでよし》はこれをやぶり、氏政《うじまさ》とその重臣《じゅうしん》たちに切腹《せっぷく》を命《めい》じる。また、氏政《うじまさ》の息子の氏直《うじなお》は、高野山《こうやさん》に追放。大名としての北条家《ほうじょうけ》は、ここに滅亡《めつぼう》した。

北条家《ほうじょうけ》が支配《しはい》してきた関東《かんとう》の領地《りょうち》について、秀吉《ひでよし》はおどろくべき処置《しょち》をとった。徳《とく》川家《かわけ》に対し、すべての領地《りょうち》を没収《ぼっしゅう》して、関《かん》東《とう》への国がえを命《めい》じたのだ。これは、有数の権力《けんりょく》を保持《ほじ》する家康《いえやす》を、不慣《ふな》れな土地にうつして力をそぐためのものだった。

家康《いえやす》は、この屈辱的《くつじょくてき》な命令をうけいれて関東《かんとう》にうつり、鬱憤《うっぷん》をぶつけるかのように土地の整備《せいび》をすすめた。ここが、のちの江《え》戸幕府《どばくふ》の中心地となる。

秀吉《ひでよし》のライバル　九

伊達家《だてけ》

東北地方南部《とうほくちほうなんぶ》を制覇《せいは》して大勢力《だいせいりょく》をきずきあげるも、秀吉《ひでよし》の要請《ようせい》に苦慮《くりょ》する。

本拠地《ほんきょち》　出羽《でわ》（山形県《やまがたけん》）

居城《きょじょう》　米沢城《よねざわじょう》

伊達政宗《だてまさむね》

東北《とうほく》を制覇《せいは》した「独眼竜《どくがんりゅう》」秀吉《ひでよし》に臣従《しんじゅう》をせまられる

戦国時代の東北《とうほく》地方は、中小の大名がひしめきあうように割拠《かっきょ》し、お互《たが》いに謀略《ぼうりゃく》や合戦をしかけあっていた。比較的《ひかくてき》大きな勢力《せいりょく》をもっていたのが、陸奥《むつ》北部の南部《なんぶ》家《け》、陸奥《むつ》南部の葛西家《かさいけ》、出羽《でわ》北部の安東家《あんどうけ》、出羽《でわ》南部の最上家《もがみけ》である。伊達家《だてけ》は、鎌倉《かまくら》時代初期からつづく名門ではあったが、勢力《せいりょく》はややおとっていた。

その勢力図《せいりょくず》を一変させたのが、伊達家《だてけ》十七代当主の政宗《まさむね》である。政宗《まさむね》は、幼少期《ようしょうき》に病気で右目の視《し》力《りょく》をうしない、次期当主の座《ざ》をあやぶまれた。しかし、側近の片倉《かたくら》小十郎《こじゅうろう》の熱心な指導《しどう》により強靭《きょうじん》な武将《ぶしょう》へと成長し、「独眼竜《どくがんりゅう》」の異《い》名《みょう》で一目おかれる。家督《かとく》をつぐと、家臣《かしん》の派閥闘争《はばつとうそう》をおさめて団結《だんけつ》させ、隣国《りんごく》の佐竹家《さたけけ》と蘆名家《あしなけ》を合戦で討《う》ちやぶった。その後、秀吉《ひでよし》によって、大名間の私闘《しとう》を禁《きん》じる惣《そう》無事令《ぶじれい》が東北《とうほく》地方にも発令されたが、政宗《まさむね》はこれを無視《むし》して、さらに隣国《りんごく》へと侵攻《しんこう》。強豪《きょうごう》にいどんで勝利をかさね、ついには東北《とうほく》地方南部の広範囲《こうはんい》を支配下《しはいか》においた。

その快挙《かいきょ》の直後、小田原征伐《おだわらせいばつ》を決定した秀吉《ひでよし》が、全国の大名に参《さん》陣《じん》を要請《ようせい》し、伊達家《だてけ》にもその知らせがとどく。政宗《まさむね》と家臣団《かしんだん》は、どのように対応《たいおう》すべきか、大いになやむことになる。

参陣《さんじん》するか、敵対《てきたい》か……。伊達家《だてけ》の命運がかかる!

天下統一《てんかとういつ》事業の矛先《ほこさき》が東北《とうほく》にむいたことの余波《よは》

秀吉《ひでよし》は、天下統一《てんかとういつ》事業にあたり、東北《とうほく》地方の平定《へいてい》は後まわしにした。強豪《きょうごう》がいる西日本の攻略《こうりゃく》を達成してから、関東《かんとう》と東北《とうほく》の平定《へいてい》に、同時に着手したのだ。

伊達家《だてけ》は、北条家《ほうじょうけ》と同盟《どうめい》にちかい関係にあり、小田原征伐《おだわらせいばつ》には参陣《さんじん》しにくい事情《じじょう》があった。また、惣無事令《そうぶじれい》を違反《いはん》し、上洛《じょうらく》の要請《ようせい》を無視《むし》してきたので、秀吉《ひでよし》の心証《しんしょう》がよくないこともわかっていた。

秀吉《ひでよし》と敵対《てきたい》しても勝ち目はない。かといって、臣従《しんじゅう》してもゆるされない。政宗《まさむね》は、きびしい選択《せんたく》をせまられていた。

緊迫《きんぱく》！ 奥州仕置《おうしゅうしおき》

豊臣秀吉《とよとみひでよし》 VS《バーサス》 伊達政宗《だてまさむね》

東北《とうほく》の諸大名《しょだいみょう》に秀吉《ひでよし》が処遇《しょぐう》をくだす

奥州仕置《おうしゅうしおき》とは、東北《とうほく》地方の大名に対して、秀吉《ひでよし》が領地《りょうち》の承認《しょうにん》や没収《ぼっしゅう》などをおこなったものだ。小田原征伐《おだわらせいばつ》の決着が見えた頃合《ころあい》で、秀吉《ひでよし》は、下野《しもつけ》の宇都宮城《うつのみやじょう》に東北《とうほく》地方の大名をよびだし、今後の処遇《しょぐう》をくだしていった。

領地《りょうち》の現状維持《げんじょういじ》をゆるされたのは、南部家《なんぶけ》や最上家《もがみけ》など、小《お》田原征伐《だわらせいばつ》の参陣要請《さんじんようせい》にすぐさまおうじた大名たちである。一方、参陣《さんじん》を拒否《きょひ》した葛西家《かさいけ》、大崎家《おおさきけ》などは、領地《りょうち》や城《しろ》を没収《ぼっしゅう》されてとりつぶしとなった。

伊達政宗《だてまさむね》は、時間をかけてなやんだすえに、小田原征伐《おだわらせいばつ》への参陣《さんじん》をきめた。しかし、すでに秀吉《ひでよし》の要請《ようせい》から大幅《おおはば》に日数がすぎていた。激怒《げきど》しているだろう秀吉《ひでよし》に、どのように謁見《えっけん》したも

◆1590年 春　◆下野《しもつけ》（栃木県《とちぎけん》）宇都宮城《うつのみやじょう》

イラスト：白い着物をまとい秀吉《ひでよし》に謁見《えっけん》する政宗《まさむね》

のか……。政宗《まさむね》は、苦悩《くのう》のすえに大胆《だいたん》な奇策《きさく》をおもいつく。

宇都宮城《うつのみやじょう》に遅参《ちさん》し、秀吉《ひでよし》の前にあらわれた政宗《まさむね》は、死装《しにしょう》束《ぞく》、つまり死ぬときに着る真っ白な着物をまとっていた。そして、「この命、どのようにしていただいてもかまいません」と秀吉《ひでよし》に平伏《へいふく》したのだ。

この大胆《だいたん》なパフォーマンスを、秀吉《ひでよし》は大いに気にいり、伊達家《だてけ》はいくつかの領地《りょうち》を没収《ぼっしゅう》されただけでゆるされた。

天下統一《てんかとういつ》の達成

奥州仕置《おうしゅうしおき》は秀吉《ひでよし》が一方的に命令をくだすものだったが、東北《とうほく》の大名たちは、強大な豊臣軍《とよとみぐん》を前に、したがうほかなかった。これをもって、秀吉《ひでよし》にさからう大名はいなくなり、ついに天下統一《てんかとういつ》がなしとげられた。

伊達家《だてけ》は、東北《とうほく》地方の治安維持《ちあんいじ》を秀吉《ひでよし》から命《めい》じられ、一揆《いっき》の鎮圧《ちんあつ》などをおこなった。

しかし、その一揆《いっき》は裏《うら》で伊達家《だてけ》があおっていたという嫌疑《けんぎ》が浮上《ふじょう》し、秀吉《ひでよし》は政宗《まさむね》を京《きょう》によびだした。

京《きょう》にやってきた政宗《まさむね》は、金の磔柱《はりつけばしら》をかついでいた。これは、死装束《しにしょうぞく》と同様に、「死《し》刑《けい》にしてこの柱にはりつけてもらってもよい」という覚悟《かくご》を見せた、政宗《まさむね》のパフォーマンスである。派手《はで》をこのむ秀吉《ひでよし》は、また も伊達家《だてけ》を無罪《むざい》としたのだった。

天下人の施政《しせい》

天下統一《てんかとういつ》をはたした秀吉《ひでよし》は、大坂城《おおさかじょう》や伏見城《ふしみじょう》をきずいて威厳《いげん》をしめした。また、検地《けんち》や刀狩令《かたながりれい》など、全国民を統率《とうそつ》するためのさまざまな政策《せいさく》を実施《じっし》した。

大坂城《おおさかじょう》

黒田官兵衛《くろだかんべえ》を普請奉行《ふしんぶぎょう》として、一五八三年に築城《ちくじょう》を開始し、一五九八年に完成。豪華《ごうか》な天守をそなえた巨《きょ》大《だい》な城《しろ》で、城内《じょうない》には黄金の茶室がつくられ、周囲には大きな堀《ほり》がそなわる。

聚楽第《じゅらくだい》

一五八七年、高位の人物をもてなすため京《きょう》につくられた豪華《ごうか》な屋敷《やしき》。秀吉《ひでよし》はここに後陽成天皇《ごようぜいてんのう》をまねいて宴《うたげ》をひらき、全国の大名に絶対的権威《ぜったいてきけんい》を見せつけた。

伏見城《ふしみじょう》

秀吉《ひでよし》が隠居《いんきょ》をするために、京《きょう》につくられた城《しろ》。一五九七年に完成した。大坂城《おおさかじょう》とおなじく、五層《ごそう》の天守をそなえる豪華《ごうか》なつくり。秀吉《ひでよし》はこの城《しろ》で最期をむかえた。

検地《けんち》（太閤検地《たいこうけんち》）

秀吉《ひでよし》は、支配下《しはいか》にある領地《りょうち》について、土地の面積や、作物の収穫量《しゅうかくりょう》・品質《ひんしつ》などを詳細《しょうさい》にしらべさせた。その際《さい》、各地で不統一《ふとういつ》だった計測《けいそく》方法や計測値《けいそくち》を、新規《しんき》の基準《きじゅん》で統一《とういつ》させる。秀吉《ひでよし》が実施《じっし》したこの調査《ちょうさ》は、「太閤検地《たいこうけんち》」ともいわれる。

惣無事令《そうぶじれい》

関白《かんぱく》になった秀吉《ひでよし》が、天皇《てんのう》から日本全国の支配権《しはいけん》を一任《いちにん》されたと称《しょう》し、大名間の私闘《しとう》を禁《きん》じた法令。大名たちの領地《りょうち》を、秀吉《ひでよし》が独断《どくだん》でとりしきることも強制《きょうせい》した。

バテレン追放令《ついほうれい》

はじめはキリスト教の布教《ふきょう》をみとめていた秀吉《ひでよし》だが、一部の大名が入信して教会に寄付《きふ》しはじめたことを危険視《きけんし》し、宣教師《せんきょうし》を国外に追放した。

刀狩令《かたながりれい》

農民たちは、ふだんは農業をいとなみ、戦時には兵士にかりだされていたため、刀などの武器《ぶき》を所持していた。秀吉《ひでよし》は、天下統一《てんかとういつ》がはたされて世の中が平和になったという名目で、農民たちから武器《ぶき》を没収《ぼっしゅう》した。これは、一揆《いっき》をふせぐためでもある。

海賊取締令《かいぞくとりしまりれい》

船を襲撃《しゅうげき》して積荷をうばい、抵抗《ていこう》する者は殺害するという海賊衆《かいぞくしゅう》が、ふるくから日本近海に出没《しゅつぼつ》していた。秀吉《ひでよし》は、これをとりしまって海上の支配《しはい》を強化し、交易《こうえき》しやすい安全な環境《かんきょう》をととのえた。

秀吉《ひでよし》のライバル 十

全国の大名・武将《ぶしょう》

天下統一《てんかとういつ》により戦乱《せんらん》が収束《しゅうそく》。恩賞《おんしょう》がなくなり武家《ぶけ》の不満がつのる。

太平《たいへい》の世《よ》が不都合な諸大名《しょだいみょう》
秀吉《ひでよし》は世界進出を画策《かくさく》

秀吉《ひでよし》が天下統一《てんかとういつ》を実現《じつげん》したことで戦乱《せんらん》の世がおわり、平和な時代がおとずれた。平民たちはよろこんだが、武家《ぶけ》の多くが、この状況《じょうきょう》に不満をつのらせる。

大名は、家臣《かしん》たちに「知行《ちぎょう》」と「恩賞《おんしょう》」をあたえてきた。知行《ちぎょう》とは領地《りょうち》のことで、そこで生産された米を年貢《ねんぐ》として徴収《ちょうしゅう》し、配下の者たちに給料として配分する。恩賞《おんしょう》は、合戦で手柄《てがら》をあげた者にあたえるボーナスのようなものだ。

戦争ができなくなったことで、他国の領地《りょうち》をうばって知行《ちぎょう》をふやすことができず、合戦がないので恩賞《おんしょう》もあたえられない。この事態《じたい》に、武将《ぶしょう》や兵士たちの生活が困窮《こんきゅう》し、豊臣政権《とよとみせいけん》に全国から苦情《くじょう》がうったえられた。

そういった武家《ぶけ》への対応《たいおう》も一因《いちいん》だったことだろう。秀吉《ひでよし》は、かねてから模索《もさく》していた明《みん》（中国《ちゅうごく》）の征服《せいふく》をめざして、朝鮮《ちょうせん》への出兵を決断《けつだん》した。海外に進出して、領地《りょうち》の拡大《かくだい》をねらったのだ。

秀吉《ひでよし》は、西日本の大名によびかけて十五万におよぶ兵員を編成《へんせい》した。そして、遠征拠点《えんせいきょてん》として九州《きゅうしゅう》の肥前《ひぜん》に城《しろ》をつくらせ、そこに集結した兵士たちを水軍《すいぐん》の船にのせて次々《つぎつぎ》と朝鮮《ちょうせん》におくりこむ。この朝鮮出兵《ちょうせんしゅっぺい》は、文禄《ぶんろく》の役《えき》、慶長《けいちょう》の役《えき》と、二度にわたり実行される。

世界に討《う》ってでた秀吉《ひでよし》。はたしてその結果は⁉

信長《のぶなが》も中国侵攻《ちゅうごくしんこう》を計画 秀吉《ひでよし》は関白就任後《かんぱくしゅうにんご》に画策《かくさく》

織田信長《おだのぶなが》も、中国《ちゅうごく》の征服《せいふく》を模索《もさく》していたという。その影響《えいきょう》をうけていたであろう秀吉《ひでよし》は、関白《かんぱく》に就任《しゅうにん》したころに、中国《ちゅうごく》侵攻《しんこう》について重臣《じゅうしん》に相談したという記録がある。また、キリスト教宣教師《せんきょうし》には、中国《ちゅうごく》に侵攻《しんこう》するための船舶《せんぱく》を売ってほしいとたのんでいたようだ。

出兵の前、秀吉《ひでよし》は、朝鮮《ちょうせん》の使節団《しせつだん》をよんで「中国《ちゅうごく》までの道をかしてほしい」と交渉《こうしょう》している。このとき秀吉《ひでよし》が横柄《おうへい》な態度《たいど》をとったため、交渉《こうしょう》は決裂《けつれつ》。朝鮮《ちょうせん》半島で戦《いくさ》の火ぶたがきられることになる。

対決！

文禄《ぶんろく》・慶長《けいちょう》の役《えき》

豊臣軍《とよとみぐん》 VS《バーサス》 明《みん》・朝鮮《ちょうせん》連合軍

合戦データ	◆文禄《ぶんろく》の役《えき》	◆1592年〜1593年	◆朝鮮半島《ちょうせんはんとう》		
豊臣軍《とよとみぐん》	総大将《そうだいしょう》	宇喜多秀家《うきたひでいえ》	戦力《せんりょく》	約15万人	引きわけ
明《みん》・朝鮮《ちょうせん》連合軍	総大将《そうだいしょう》	邢玠《けいかい》ほか	戦力《せんりょく》	約25万人	引きわけ

二度にわたる朝鮮《ちょうせん》出兵 異国《いこく》の地で不毛な合戦

一度目の朝鮮《ちょうせん》出兵、文禄《ぶんろく》の役《えき》。朝鮮《ちょうせん》半島南端《なんたん》の釜山《プサン》に上陸した豊臣軍《とよとみぐん》は、釜山城《プサンじょう》の占領《せんりょう》を皮切りに、快進撃《かいしんげき》をつづけていく。二十日後には朝鮮《ちょうせん》半島中央の漢《かん》城《じょう》をおとし、その一カ月後には北部の平壌《ピョンヤン》を攻略《こうりゃく》。日本海側《がわ》の海岸線を制圧《せいあつ》しつつ、明《みん》（中《ちゅう》国《ごく》）の国境《こっきょう》付近《ふきん》まで進軍した。

しかし、朝鮮水軍《ちょうせんすいぐん》が奮闘《ふんとう》し、豊臣水軍《とよとみすいぐん》に優勢《ゆうせい》をとると、形勢《けいせい》がかわりはじめる。そこへ明軍《みんぐん》の援軍《えんぐん》がくわわり、豊臣軍《とよとみぐん》はおしかえされて、漢城《かんじょう》まで後退《こうたい》。戦闘《せんとう》が長引くにつれ、異国《いこく》の地で死ぬという不毛感《ふもうかん》から、豊臣《とよとみ》軍《ぐん》の士気が低下していく。そのとき、明《みん》から講和《こうわ》が提案《ていあん》されたため、豊臣軍《とよとみぐん》は講和《こうわ》をうけいれ、日本に撤退《てったい》した。

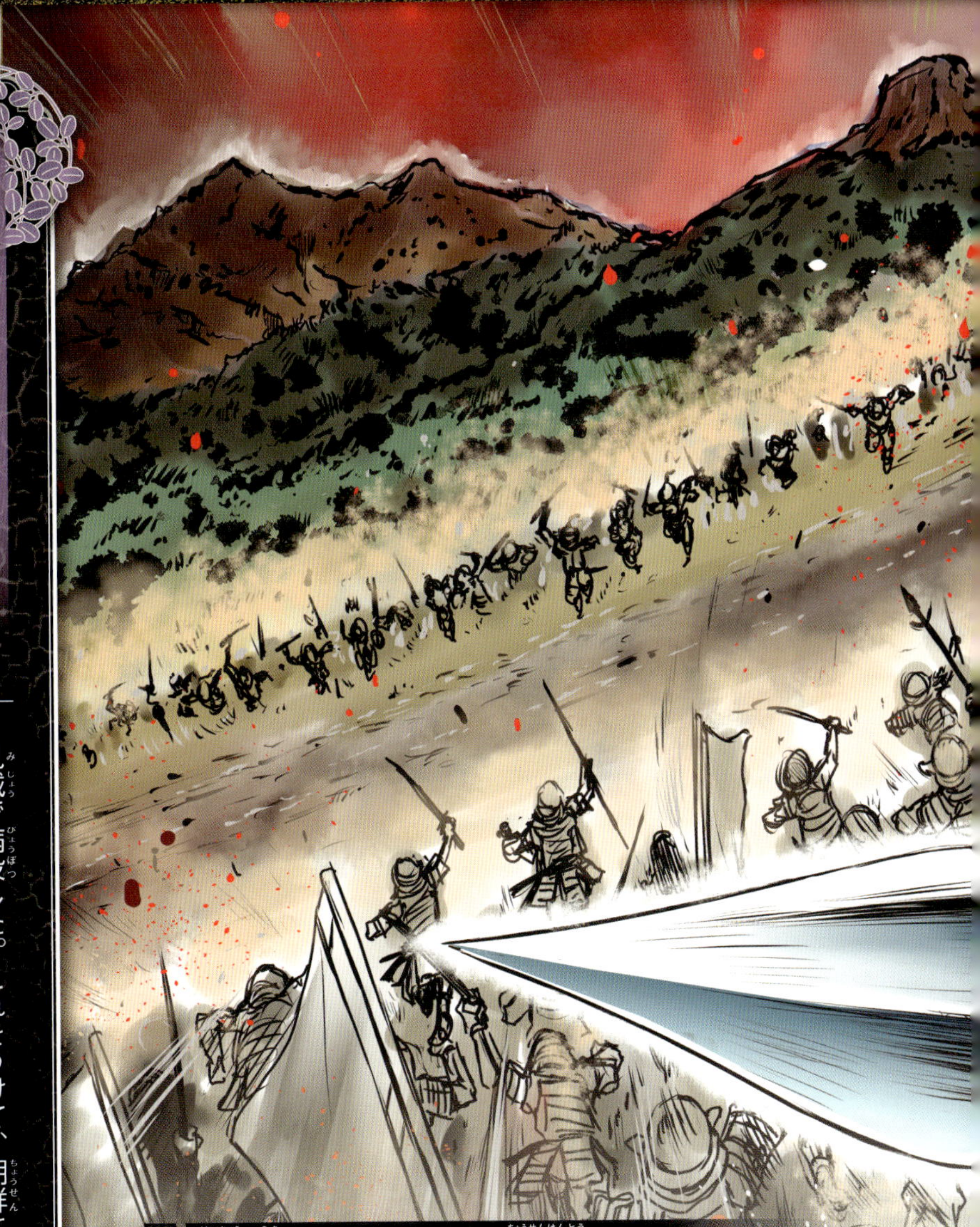

合戦データ						
◆慶長《けいちょう》の役《えき》 ◆1597年〜1598年 ◆朝鮮半島《ちょうせんはんとう》						
豊臣軍《とよとみぐん》	総大将《そうだいしょう》	小早川秀秋《こばやかわひであき》	戦力《せんりょく》	約14万人	引きわけ
明《みん》・朝鮮《ちょうせん》連合軍	総大将《そうだいしょう》	邢玠《けいかい》ほか	戦力《せんりょく》	約10万人	引きわけ

イラスト：異国《いこく》で奮戦《ふんせん》する加藤清正《かとうきよまさ》（右）と島津義弘《しまづよしひろ》（左）

その後、明《みん》・朝鮮《ちょうせん》の講和条件《こうわじょうけん》が三カ国で検討《けんとう》されたが、秀吉《ひでよし》が強硬姿勢《きょうこうしせい》をくずさず、交渉《こうしょう》が決裂《けつれつ》。秀吉《ひでよし》が再度《さいど》の朝鮮《ちょうせん》出兵を決行し、慶長《けいちょう》の役《えき》に突入《とつにゅう》する。

豊臣軍《とよとみぐん》は、小西行長《こにしゆきなが》、加藤清《かとうきよ》正《まさ》、島津義弘《しまづよしひろ》らが奮戦《ふんせん》したが、またも朝鮮水軍《ちょうせんすいぐん》が猛威《もうい》をふるい、劣勢《れっせい》をしいられた。内陸では、豊臣軍《とよとみぐん》が拠点《きょてん》にする城《しろ》を建設中《けんせつちゅう》に、明《みん》・朝鮮軍《ちょうせんぐん》に包囲されて孤《こ》立《りつ》。進退《しんたい》きわまり、本国の秀吉《ひでよし》に撤退《てったい》をねがいでた。

秀吉《ひでよし》の死

秀吉《ひでよし》自身は、朝鮮《ちょうせん》にわたらず、本国で戦果をきいていた。文禄《ぶんろく》の役《えき》の開始直後は快《かい》進撃《しんげき》の報《ほう》によろこんでいたが、戦線の後退《こうたい》をきいて機嫌《きげん》をそこねる。文禄《ぶんろく》の役《えき》では、撤退《てったい》をねがいでる武将《ぶしょう》に激怒《げきど》し、その領地《りょうち》を没収《ぼっしゅう》した。

慶長《けいちょう》の役《えき》がつづくなか、秀吉《ひでよし》は、京《きょう》の伏《ふし》見城《みじょう》で病没《びょうぼつ》した。これをうけて、朝鮮《ちょうせん》にわたっていた兵員がすべて日本に撤退《てったい》。秀吉《ひでよし》が目ざした海外侵攻《しんこう》は、ただ兵たちをうしない疲弊《ひへい》させただけで、なんの成果もなく終結した。

帰国した大名や武将《ぶしょう》たちの多くが、豊臣《とよとみ》政権《せいけん》に対しての不信感をつのらせていた。その感情《かんじょう》は、秀吉《ひでよし》の腹心《ふくしん》である石田三成《いしだみつなり》にむかっていく。

秀吉《ひでよし》の死後の情勢《じょうせい》

秀吉《ひでよし》は、息子の秀頼《ひでより》に豊臣政権《とよとみせいけん》の将来《しょうらい》をたくして、病没《びょうぼつ》した。しかし、その直後から、徳川家康《とくがわいえやす》の策謀《さくぼう》が本領《ほんりょう》を発揮《はっき》し、世はふたたび戦乱《せんらん》の幕《まく》をあける。

関ヶ原《せきがはら》の戦《たたか》いが勃発《ぼっぱつ》

豊臣政権《とよとみせいけん》の政務《せいむ》をになう石田三成《いしだみつなり》に対し、加藤清正《かとうきよまさ》や福島正則《ふくしままさのり》など、武力《ぶりょく》を重視《じゅうし》する武断派《ぶだんは》が反目した。それら武断派《ぶだんは》を徳川家康《とくがわいえやす》が掌握《しょうあく》し、三成《みつなり》への悪感情《あくかんじょう》をあおる。この政治紛争《せいじふんそう》は全国の大名をまきこみ、石田三成《いしだみつなり》と徳川《とくがわ》家康《いえやす》との対立に発展《はってん》。「天下分け目のたたかい」とよばれた関ヶ原《せきがはら》の戦《たたか》いで両者が激突《げきとつ》し、家康《いえやす》が勝利した。

徳川将軍家《とくがわしょうぐんけ》の誕生《たんじょう》

関ヶ原《せきがはら》の戦《たたか》いで勝利した家康《いえやす》は、みずから征夷大将《せいいたいしょう》軍《ぐん》に就任《しゅうにん》し、江戸幕府《えどばくふ》をひらいた。そして、敵対《てきたい》した大名には罰《ばつ》をあたえ、豊臣家《とよとみけ》は大坂《おおさか》にふうじこめて、天下を手にいれる。その後、「大坂冬《おおさかふゆ》の陣《じん》」と「大坂《おおさか》夏《なつ》の陣《じん》」をしかけて豊臣家《とよとみけ》の残存勢力《ざんぞんせいりょく》をうちほろぼし、徳川将軍家《とくがわしょうぐんけ》と江戸幕府《えどばくふ》の権力《けんりょく》を盤石《ばんじゃく》なものとした。

秀吉《ひでよし》の人物評《じんぶつひょう》

秀吉《ひでよし》という人物への評価《ひょうか》は、彼《かれ》の天才性《てんさいせい》をほめたたえるものが多いなか、「傲慢《ごうまん》」や「尊大《そんだい》」などといった悪評《あくひょう》も散見される。

徳川家康《とくがわいえやす》

秀吉《ひでよし》が統一《とういつ》した天下をうばった家康《いえやす》だが、秀吉《ひでよし》への評価《ひょうか》は高かったようだ。

「太閤様《たいこうさま》は、心が広く、智勇《ちゆう》にすぐれ、我慢《がまん》する度量もあった。だからこそ、低い身分から天下人にまで身をたてることができたのだろう。ただし、なににおいても豪華絢爛《ごうかけんらん》をこのみ、そのときの気分で過分《かぶん》な褒美《ほうび》をあたえてしまうという難点《なんてん》もあった」

宣教師《せんきょうし》フロイス

ポルトガル人のキリスト教宣教師《せんきょうし》、ルイス・フロイスは、『フロイス日本史《にほんし》』という歴史書のなかで、秀吉《ひでよし》への辛《しん》らつな人物評《じんぶつひょう》をしるしている。

「織田《おだ》家に仕《つか》えていたころの秀吉《ひでよし》は、勇敢《ゆうかん》で策略《さくりゃく》にたけた戦士だった。しかし、権力《けんりょく》を手にいれると、傲慢《ごうまん》で尊大《そんだい》な態度《たいど》をとりはじめる。いかなる助言もうけつけず、すべてをひとりで決定したため、周囲にさからうものがいなくなった。本心をあかさず、悪知《わるぢ》恵《え》がはたらき、人をあざむくことが得意だと自慢《じまん》としていた」

江戸《えど》時代になると、秀吉《ひでよし》は、身分をこえて出世したカリスマ的存在《そんざい》として、庶民《しょみん》を中心に人気を博した。江戸《えど》時代後期にうたわれた川柳《せんりゅう》の「なかぬなら　なかせてみせよう　ほととぎす」は、秀吉《ひでよし》のたくみな交渉術《こうしょうじゅつ》をあらわしたものだ。

戦国期年表

戦国時代の幕《まく》あけから天下太平《てんかたいへい》にいたるまでの、戦国期のおもなできごとをまとめた年表です。秀吉《ひでよし》にまつわることがらは、赤文字であらわしています。

室町《むろまち》時代後期［戦国時代］

西暦《せいれき》	できごと
一四六七	応仁《おうにん》の乱《らん》がおこる。
一五三七	日吉丸《ひよしまる》（豊臣秀吉《とよとみひでよし》）がうまれる。
一五四三	種子島《たねがしま》に鉄砲《てっぽう》が伝来する。
一五四六	河越夜戦《かわごえやせん》。北条氏康《ほうじょううじやす》が上杉軍《うえすぎぐん》をやぶる。
一五四九	フランシスコ＝ザビエルがキリスト教の布教のため来日する。
一五五一	織田信秀《おだのぶひで》が病死し、信長《のぶなが》が織田家《おだけ》当主になる。 日吉丸《ひよしまる》が今川家武将《いまがわけぶしょう》の松下之綱《まつしたゆきつな》に仕《つか》える。 陶晴賢《すえはるかた》の謀叛《むほん》により大内義隆《おおうちよしたか》が自害する。
一五五三	川中島《かわなかじま》の戦《たたか》い（一回目）。武田信玄《たけだしんげん》と上杉謙信《うえすぎけんしん》が合戦する。
一五五四	日吉丸《ひよしまる》が織田家《おだけ》に仕《つか》えて信長《のぶなが》の草履取《ぞうりと》りになる。
一五五五	川中島《かわなかじま》の戦《たたか》い（二回目）。 厳島《いつくしま》の戦《たたか》い。毛利元就《もうりもとなり》が陶晴賢《すえはるかた》をやぶる。
一五五六	長良川《ながらがわ》の戦《たたか》い。斎藤道三《さいとうどうさん》が息子の義龍《よしたつ》にやぶれて戦死する。 稲生《いのう》の戦《たたか》い。織田信長《おだのぶなが》が謀叛《むほん》をおこした弟の信行《のぶゆき》をやぶる。
一五五七	川中島《かわなかじま》の戦《たたか》い（三回目）。
一五六〇	桶狭間《おけはざま》の戦《たたか》い。織田信長《おだのぶなが》が今川義元《いまがわよしもと》を討《う》ちとる。
一五六一	川中島《かわなかじま》の戦《たたか》い（四回目）。大激戦《だいげきせん》となる。 日吉丸《ひよしまる》がおね（北政所《きたのまんどころ》）と結婚《けっこん》し、木下藤吉郎《きのしたとうきちろう》に改名する。
一五六二	清洲同盟《きよすどうめい》。織田信長《おだのぶなが》と徳川家康《とくがわいえやす》が同盟《どうめい》をむすぶ。
一五六四	川中島《かわなかじま》の戦《たたか》い（五回目）。
一五六五	将軍足利義輝《しょうぐんあしかがよしてる》が殺害される。
一五六六	毛利元就《もうりもとなり》が尼子氏《あまごし》の月山富田城《がっさんとだじょう》をうばう。
一五六七	稲葉山城《いなばやまじょう》の戦《たたか》い。織田信長《おだのぶなが》が斎藤龍興《さいとうたつおき》をやぶり美濃《みの》を獲得《かくとく》する。

安土《あづち》・桃山《ももやま》時代

西暦《せいれき》	できごと
一五八二	備中高松城《びっちゅうたかまつじょう》の戦《たたか》い。中国平定《ちゅうごくへいてい》の指揮官《しきかん》をつとめる羽柴秀吉《はしばひでよし》が、毛利軍《もうりぐん》の城《しろ》を水攻《みずぜ》めにする。P.20 本能寺《ほんのうじ》の変《へん》。明智光秀《あけちみつひで》が謀叛《むほん》をおこし、織田信長《おだのぶなが》が自害する。 山崎《やまざき》の戦《たたか》い。羽柴秀吉《はしばひでよし》が明智光秀《あけちみつひで》をやぶる。P.24 清洲会議《きよすかいぎ》。織田信長《おだのぶなが》の後継者《こうけいしゃ》として羽柴秀吉《はしばひでよし》が有力となる。
一五八三	賤ケ岳《しずがたけ》の戦《たたか》い。羽柴秀吉《はしばひでよし》が柴田勝家《しばたかついえ》をやぶり、勝家《かついえ》が自害する。P.28 羽柴秀吉《はしばひでよし》が大坂城《おおさかじょう》をきずく。
一五八四	小牧《こまき》・長久手《ながくて》の戦《たたか》い。羽柴秀吉《はしばひでよし》と徳川家康《とくがわいえやす》がたたかい、講和《こうわ》する。P.34 沖田畷《おきたなわて》の戦《たたか》い。島津義久《しまづよしひさ》が龍造寺隆信《りゅうぞうじたかのぶ》をやぶり、隆信《たかのぶ》が戦死する。
一五八五	長宗我部元親《ちょうそかべもとちか》が四国《しこく》を統一《とういつ》する。 羽柴秀吉《はしばひでよし》が関白《かんぱく》になる。 四国平定《しこくへいてい》。羽柴秀吉《はしばひでよし》が長宗我部氏《ちょうそかべし》をしたがわせる。P.38 第一次上田合戦《うえだかっせん》。真田昌幸《さなだまさゆき》が徳川家康《とくがわいえやす》をやぶる。 惣無事令《そうぶじれい》。羽柴秀吉《はしばひでよし》が大名間の私闘《しとう》を禁止《きんし》する。P.55 人取橋《ひととりばし》の戦《たたか》い。伊達政宗《だてまさむね》が、畠山《はたけやま》・佐竹《さたけ》・蘆名《あしな》の連合軍とあらそう。
一五八六	秀吉《ひでよし》が豊臣姓《とよとみせい》になる。
一五八七	九州平定《きゅうしゅうへいてい》。豊臣秀吉《とよとみひでよし》が島津氏《しまづし》をしたがわせる。P.42 バテレン追放令《ついほうれい》。豊臣秀吉《とよとみひでよし》がキリスト教を禁止《きんし》する。P.55
一五八八	豊臣秀吉《とよとみひでよし》が茶々《ちゃちゃ》（淀殿《よどどの》）と結婚《けっこん》する。 刀狩令《かたながりれい》。豊臣秀吉《とよとみひでよし》が農民から武器《ぶき》を没収《ぼっしゅう》する。P.55

室町《むろまち》時代後期［戦国時代］

一五六八 織田《おだ》家と浅井家《あざいけ》が同盟《どうめい》をむすぶ。
織田信長《おだのぶなが》が足利義昭《あしかがよしあき》を奉《ほう》じて入京《にゅうきょう》、義昭《よしあき》が将軍《しょうぐん》になる。

一五七〇 今山《いまやま》の戦《たたか》い。龍造寺隆信《りゅうぞうじたかのぶ》が大友宗麟《おおともそうりん》をやぶる。
金ヶ崎《かねがさき》の戦《たたか》い。織田《おだ》・徳川《とくがわ》連合軍が、浅井《あざい》・朝倉《あさくら》連合軍に敗北。
撤退戦《てったいせん》の殿《しんがり》を木下藤吉郎《きのしたとうきちろう》がつとめる。P.16
姉川《あねがわ》の戦《たたか》い。織田《おだ》・徳川《とくがわ》連合軍が、浅井《あざい》・朝倉《あさくら》連合軍に勝利する。
石山合戦《いしやまかっせん》の開始。石山本願寺《いしやまほんがんじ》が織田信長《おだのぶなが》を攻撃《こうげき》する。
志賀《しが》の陣《じん》。織田信長《おだのぶなが》が、朝倉《あさくら》・浅井《あざい》・延暦寺《えんりゃくじ》連合軍をやぶる。

一五七一 織田信長《おだのぶなが》が比叡山延暦寺《ひえいざんえんりゃくじ》を焼《や》き討《う》ちにする。

一五七二 三方ヶ原《みかたがはら》の戦《たたか》い。武田信玄《たけだしんげん》が徳川家康《とくがわいえやす》をやぶる。

一五七三 木下藤吉郎《きのしたとうきちろう》が羽柴秀吉《はしばひでよし》に改名する。
武田信玄《たけだしんげん》が病死する。
室町幕府滅亡《むろまちばくふめつぼう》。織田信長《おだのぶなが》が足利義昭《あしかがよしあき》を京《きょう》から追放する。
一乗谷城《いちじょうだにじょう》の戦《たたか》い。織田信長《おだのぶなが》が朝倉家《あさくらけ》をほろぼす。
小谷城《おだにじょう》の戦《たたか》い。織田信長《おだのぶなが》が浅井家《あざいけ》をほろぼす。
羽柴秀吉《はしばひでよし》が長浜城《ながはまじょう》をあたえられる。

一五七四 織田信長《おだのぶなが》が長島一向一揆《ながしまいっこういっき》を鎮圧《ちんあつ》する。

一五七五 長篠合戦《ながしののかっせん》。織田《おだ》・徳川《とくがわ》連合軍が、武田勝頼《たけだかつより》をやぶる。

一五七六 第一次木津川口《きづがわぐち》の戦《たたか》い。毛利水軍《もうりすいぐん》が織田水軍《おだすいぐん》をやぶる。

安土《あづち》・桃山《ももやま》時代

一五七七 手取川《てどりがわ》の戦《たたか》い。上杉謙信《うえすぎけんしん》が織田軍《おだぐん》の柴田勝家《しばたかついえ》をやぶる。

一五七八 上杉謙信《うえすぎけんしん》が病死する。
上月城《こうづきじょう》の戦《たたか》い。毛利輝元《もうりてるもと》が尼子氏《あまごし》をほろぼす。
耳川《みみかわ》の戦《たたか》い。島津義久《しまづよしひさ》が大友宗麟《おおともそうりん》をやぶる。
第二次木津川口《きづがわぐち》の戦《たたか》い。織田水軍《おだすいぐん》が毛利水軍《もうりすいぐん》をやぶる。

一五七九 第一次天正伊賀《てんしょういが》の乱《らん》。織田軍《おだぐん》が伊賀者《いがもの》にやぶれる。

一五八〇 石山合戦《いしやまかっせん》の終結《しゅうけつ》。織田信長《おだのぶなが》が石山本願寺《いしやまほんがんじ》に勝利する。

一五八二 天目山《てんもくざん》の戦《たたか》い。織田《おだ》・徳川《とくがわ》連合軍が武田氏《たけだし》をほろぼす。

安土《あづち》・桃山《ももやま》時代

一五八八 海賊取締令《かいぞくとりしまりれい》。豊臣秀吉《とよとみひでよし》が海賊行為《かいぞくこうい》を禁止《きんし》する。P.55

一五八九 摺上原《すりあげはら》の戦《たたか》い。伊達政宗《だてまさむね》が蘆名氏《あしなし》をほろぼす。

一五九〇 小田原征伐《おだわらせいばつ》。豊臣秀吉《とよとみひでよし》が北条氏《ほうじょうし》をほろぼす。P.48
奥州仕置《おうしゅうしおき》。伊達政宗《だてまさむね》が豊臣秀吉《とよとみひでよし》にしたがう。P.52
豊臣秀吉《とよとみひでよし》の命令で、徳川家康《とくがわいえやす》が関東《かんとう》にうつされる。

一五九一 豊臣秀吉《とよとみひでよし》が豊臣秀次《とよとみひでつぐ》に関白《かんぱく》をゆずり、太閤《たいこう》になる。

一五九二 文禄《ぶんろく》の役《えき》。豊臣秀吉《とよとみひでよし》が朝鮮出兵《ちょうせんしゅっぺい》を決行する。P.58

一五九三 豊臣秀吉《とよとみひでよし》と淀殿《よどどの》との間に、世継《よつ》ぎの秀頼《ひでより》がうまれる。

一五九五 関白《かんぱく》の豊臣秀次《とよとみひでつぐ》が謀叛《むほん》のうたがいで追放され、自害する。

一五九七 慶長《けいちょう》の役《えき》。豊臣秀吉《とよとみひでよし》が二度目の朝鮮出兵《ちょうせんしゅっぺい》を決行する。P.58

一五九八 豊臣政権《とよとみせいけん》において、五大老《ごたいろう》・五奉行《ごぶぎょう》が設置《せっち》される。
豊臣秀吉《とよとみひでよし》が病死する。

一五九九 前田利家《まえだとしいえ》が病死し、五大老制《ごたいろうせい》がくずれる。

一六〇〇 会津攻《あいづぜ》め。徳川家康《とくがわいえやす》が上杉氏《うえすぎし》の謀叛《むほん》をうたがい、会津《あいづ》に出兵する。
石田三成《いしだみつなり》が、徳川家康《とくがわいえやす》の出兵のさなかに決起する。
第二次上田合戦《うえだかっせん》。真田昌幸《さなだまさゆき》が、関ケ原《せきがはら》にむかう徳川秀忠《とくがわひでただ》をやぶる。
関ヶ原《せきがはら》の戦《たたか》い。徳川家康《とくがわいえやす》の東軍《とうぐん》が、石田三成《いしだみつなり》の西軍《せいぐん》をやぶる。

江戸《えど》時代

一六〇三 徳川家康《とくがわいえやす》が征夷大将軍《せいいたいしょうぐん》になり、江戸幕府《えどばくふ》をひらく。

一六〇五 徳川秀忠《とくがわひでただ》が二代将軍《しょうぐん》になる。

一六一四 大坂冬《おおさかふゆ》の陣《じん》。徳川氏《とくがわし》と豊臣氏《とよとみし》が大坂城《おおさかじょう》であらそい、講和《こうわ》する。

一六一五 大坂夏《おおさかなつ》の陣《じん》。徳川氏《とくがわし》が再度《さいど》、大坂城《おおさかじょう》を攻《せ》めて、豊臣氏《とよとみし》をほろぼす。

一六一六 徳川家康《とくがわいえやす》が病死する。

監修／本郷和人（ほんごう・かずと）

東京大学史料編纂所教授。文学博士。専門は日本中世政治史、および史料学。主著に、『日本史のツボ』（文藝春秋）、『真説 戦国武将の素顔』（宝島社）、『壬申の乱と関ヶ原の戦い—なぜ同じ場所で戦われたのか』（祥伝社）、『武士とはなにか 中世の王権を読み解く』『戦いの日本史 武士の時代を読み直す』（KADOKAWA）、『戦国武将の明暗』（新潮社）などがある。

イラスト／さがわゆめこ・たちばな豊可・なかざき冬・風童じゅん・川石テツヤ・後藤伸正・大竹紀子・伊藤広明

編集・デザイン・DTP／グラフィオ

執筆／笠原 宙（グラフィオ）

アートディレクション／弓場 真（グラフィオ）

参考文献

『戦国武将 人物甲冑大図鑑』（金の星社）、『新編 絵本太閤記』（主婦と生活社）、『徹底図解 豊臣秀吉』『徹底図解 戦国時代』（新星出版社）、『図解雑学 豊臣秀吉』（ナツメ社）、『超ビジュアル！ 歴史人物伝 豊臣秀吉』『超ビジュアル！ 戦国武将大事典』（西東社）、『Truth In History 18 豊臣一族 秀吉を輩出した謎の系譜』『戦国武将事典』（新紀元社）、『一冊でわかる イラストでわかる 図解戦国史』（成美堂出版）、『戦国武将100選』（リイド社）、『ビジュアル版 戦国武将大百科（1 東日本編・2 西日本編・3 合戦編）』（ポプラ社）、『決定版 図説・戦国武将118』『決定版 図説・戦国甲冑集』『決定版 図説・日本刀大全』『決定版 図説・日本刀大全II 名刀・拵・刀装具総覧』『戦国の合戦』『[新装版]戦国武将100 家紋・旗・馬印FILE』『図解 日本刀事典』（学研プラス）、『戦国武将の解剖図鑑』（エクスナレッジ）、『ビジュアル 戦国1000人』（世界文化社）、『カラー版 戦国武器甲冑事典』（誠文堂新光社）、『別冊歴史読本 戦国武将列伝』『別冊歴史読本 戦国名将列伝』（新人物往来社）、『戦国武将 武具と戦術』（椎出版社）、『すぐわかる 日本の甲冑・武具[改訂版]』（東京美術）、『日本史人物辞典』（山川出版社）、『[図解]武将・剣豪と日本刀 新装版』（笠倉出版社）、『関ヶ原合戦』（講談社）、『水軍の活躍がわかる本』（河出書房新社）、『大坂の陣』『歴史の愉しみ方』（中央公論新社）、『日本刀辞典』（光芸出版）

※本書に掲載しているイラストは、資料等を基にして、アレンジをくわえたものです。学術的な再現を図ったものではありません。

戦国武将 三英傑大図鑑

豊臣秀吉の戦い

2018年11月　初版発行

編／グラフィオ

発行所／株式会社 金の星社
〒111-0056 東京都台東区小島1-4-3
電話／03-3861-1861（代表）
FAX／03-3861-1507
振替／00100-0-64678
ホームページ／http://www.kinnohoshi.co.jp

印刷／株式会社 廣済堂
製本／牧製本印刷 株式会社

NDC210 64P. 26.3cm ISBN978-4-323-06222-8